教子没有那么难

俞学标 著

团结出版社
UNITY PRESS

图书在版编目（CIP）数据

教子没有那么难 / 俞学标著. -- 北京 ：团结出版

社，2021.3

ISBN 978-7-5126-8082-1

Ⅰ．①教… Ⅱ．①俞… Ⅲ. ①亲子教育 Ⅳ.
①G781

中国版本图书馆 CIP 数据核字 (2020) 第 123643 号

出　版：团结出版社

　　　　（北京市东城区东皇城根南街84号　邮编：100006）

电　话：(010) 65228880　65244790　（出版社）

　　　　(010) 65238766　85113874　65133603（发行部）

　　　　(010) 65133603（邮购）

网　址：http://www.tjpress.com

E-mail：zb65244790@vip.163.com

　　　　fx65133603@163.com（发行部邮购）

经　销：全国新华书店

印　装：三河市东方印刷有限公司

开　本：160mm×234mm　　16 开

印　张：14.25

字　数：161 千字

版　次：2021 年 3 月　第 1 版

印　次：2021 年 3 月　第 1 次印刷

书　号：978-7-5126-8082-1

定　价：39.80 元

明智的家长都是这样的

常有家长对我说，为什么把全部的爱、全部的心力都放在孩子身上，但孩子成长却并不如意，甚至还"反目成仇"？几乎所有的家长都深爱自己的孩子，但能培育出阳光孩子的明智家长却很难得。读完《教子没有那么难》，再细细想来，明智的家长应该是这样的：

风物长宜放眼量，不与孩子"较劲"，不计"一池一城"得失。许多家长都有望子成龙、望女成凤的愿望，但只有明智的家长才有高瞻远瞩的格局。他们用宏远的眼界和宽广的胸怀去理解孩子的感受，遇事能看得开，不斤斤计较利害得失，不把考分和别人的评价看得太重，只要前进方向正确，就让孩子在自主奋斗的过程中释放天性，始终保持成长的活力。让孩子做喜欢的事，孩子就会心情舒畅，欢快而轻盈地起飞；反之，就会心情压抑，痛苦而艰难地爬行。明智的家长关心而不干涉，引导而不堵截，产生分歧时，适当变"小"，让孩子不断长大；适当示"弱"，让孩子不断变强。

自家之事自家知，陪伴孩子"齐步走"，遇事不会"想当然"。每个孩子都是一枝花，都有属于自己的独特色彩和芬芳，不能只用"玫瑰"的单一标准去苛求，"野百合"也有春天。随着年龄的增长，孩子会有自己的思想，或超前，或滞后，与家长难以合拍。家长需要随着孩子的变化，与孩子共同成长，像青枝绿叶一样陪伴花开。这种陪伴不需要每天的形影不离，而是关注孩子每个成长阶段出现的不同发展要求和点滴进步，多给点掌声、笑声、赞美声。加强沟通和交流，引导孩子认清自己，补齐成长的短板。帮助孩子选择喜欢做的事或活动，去掉孩子的枷锁，解放孩子的天性，让其尽情地展示自己、表现自我。孩子成长就像跑马拉松，家长要根据孩子的情况适当把握节奏，有时领跑，有时跟跑，更多的时候要齐头并进，体会孩子感受，适应孩子变化，与孩子行动一致。不能只为夺冠，不顾一切向前冲。

绝知此事要躬行，该担当的要担当，该出手时就出手。再好的学校教育，也不能替代家长对孩子的影响。为了孩子的未来，哪一个家长都不能"甩锅"给老师。老师大多数时间面向全体学生，想单独帮一个人也没有太多的机会，"开小灶""加餐"起到的作用也很有限。好班也有"学渣"，差班也有"学霸"。孩子与孩子之间产生差距的原因不仅仅在老师那里，家长的责任也很大。发现孩子的问题，家长要主动去化解；发现孩子的疑惑，家长要主动去点化；发现孩子的困难，家长要主动去帮一把。该抛砖时就抛砖，说不定就有"引玉"之效。

《教子没有那么难》的作者是一名普普通通的家长，但他能够细细体悟传统教育典范，轻松地教育出阳光、快乐的孩子。作者在书中既没有拿别人的事情说事，也无意树立一个榜样，而是记录亲身经历的真实故事，着重呈现一种家庭教育的理念和方法，或妙趣横生让人回味，或解疑释惑发人深省。相信这本充满真情真意的教育手记，能够为千千万万个家庭教育孩子带来有益的启发和参考。

中国著名教育专家

北京景山学校原校长

2020 年 7 月 1 日

目　录

C O N T E N T S

一、别总是盯着孩子
——学习"孟母三迁"局外谋求破局

孩子的问题往往都是外部的力量引起的，教育孩子一定不要把所有的力都用在孩子身上，孩子稚嫩的肩膀难以承受。"孟母三迁"从表面上看只是改变了环境，实际上是局外破局，转移受力点。瞄准孩子成长的目标，不妨转移受力的支点，合力朝一个目标推进。孩子太小不懂事，家长把目光转向最能影响孩子的大人，解决问题往往事半功倍。

二、顺水才好推舟

——与孩子产生共鸣

推舟要顺水流的势，破竹要顺刀劈的势，教子要顺孩子的势。这个势就是舟与水的共鸣、竹与刀的共鸣、家长与孩子的共鸣。同频共振开展顺势教育，"必使其趋向鼓舞，中心喜悦，则其进自不能已"。

三、该放手时就放手

——把锻炼的机会留给孩子

想放手却放不了手，往往传递出互相矛盾的双重信号缠绕孩子，既让孩子感觉到父母的不信任，又容易让孩子产生不自信的负面效应。事事代劳事事操心，不仅剥夺了孩子锻炼的机会，也让孩子更加不用心。只有放开我们的手，才能让孩子真正地学会走路。

四、不妨当个好参谋

——把选择的权利交给孩子

开明的家长应是当好参谋与助理，能参的参，能助的助，把选择权交给孩子，这样才能培养孩子独立自主的人格和独立思考、独立做事的能力。

五、学习要像玩一样

——让学习变得轻松有趣

玩与学，看似矛盾，实则一体，关键是如何将其统一起来，让玩耍也成为一个学习的过程，这样就会充满趣味。朱熹提出"读书之乐乐陶陶"，程颐也认同乐学的观点，强调"教人未见意趣，必不乐学"。

六、趁热赶紧打铁
——抓住教育孩子的机会

炉火正红是打铁的好时机，孩子热情被点燃时就是教育的好时机。抓住时机对孩子进行培养，与学校活动对接，与孩子的需求对接，与时代对接，往往能取得奇效，不仅让孩子印象深刻，甚至有些问题也会迎刃而解。

七、与孩子做个好朋友
——让孩子敞开心扉

父母对孩子的慈爱和关怀是一种天性，孩子对父母的信任和依恋出于本能。很多父母都感到孩子在一天天长大，自己却被一点点疏远，原本的"父子有亲"不及"朋友有信"，孩子反而与朋友越谈越投机。父母与孩子之间产生距离和隔阂，大多是父母让孩子感受不到"亲"。应努力放下架子，与孩子交朋友，既有"父子有亲"，又有"朋友有信"，孩子才会向父母敞开心扉。

八、少给孩子定标准

——去掉教育孩子的枷锁

孩子的成长千差万别，而且是不断发展的，无法用技术标准来衡量。给孩子定标准，实际上就是仅凭自己想象，一厢情愿给自己定标准，给自己下套，就会产生压力。引导孩子自然健康地成长，孩子愉快，自己轻松。

九、跟着孩子的天性走

——不要轻易干预孩子

在孩子的天性里，把事情想得很美好，对新鲜事物很好奇，对外来干预很敏感，这都是自由自在的自然表现。只不过有时候自制力差一些，认识浅一些，需要父母的指导和帮助。如果家长用自己的思维尺子度量孩子、干预孩子，就会受累不落好，自己烦心，孩子委屈，都不开心。理解孩子的思维，释放孩子的天性，做孩子的跟班，其乐融融。

十、用身边的榜样激励孩子
——熟悉的榜样对孩子影响最大

"见贤思齐""近朱者赤",榜样易于效仿。报刊、电台、电视台和网络宣传的榜样离孩子太远,身边的榜样却是孩子熟悉的,在距离上相近,能够见得着;在情感上亲切,能够信得过,更有说服力。

十一、根本的东西不能丢
——培养孩子做人做事的基本素质

家庭是人生的第一个课堂,父母是孩子的第一任老师,家庭教育关乎孩子价值观的形成,影响着孩子的一生。"爱子,教之以义方",习近平主席在 2016 年 12 月 12 日会见第一届全国文明家庭代表时引用了这句话,强调家庭教育最重要的是品德教育。

十二、心有灵犀一点通
——发现问题点到为止

　　孩子一般不会发生原则性的问题，就像柜子上面飘落不久的灰尘，一扫即净，并不需要来回擦洗。孩子都有灵性，不是什么都不懂，常常一点就通、一点就透，家长往往只需轻描淡写、旁敲侧击就能解决出现的问题。如果"上纲上线"、正面指责，往往事与愿违或引起孩子的逆反心理，常常事倍功半。

十三、百闻不如一见
——引导孩子感受和认识世界

　　听得再多也不如亲眼所见可靠，做学问不能满足于字面上的明白，必须亲身实践才能把书本上的知识变成自己的实际本领。带孩子走过的路，见过的人，都将印刻在他们的生命里，长久留存。

十四、别怕孩子做出了格
——积极培养孩子创新思维

大人有大人的套路，孩子有孩子的想法。大人做事已养成习惯，常常按部就班、墨守成规。孩子做事不拘一格，常常别出心裁、花样百出。鼓励孩子保持独立的见解，按自己的想法去做，说不定也能培养出下一个爱迪生。

十五、莫指望一口吃成胖子
——培养孩子要有耐心和恒心

"不积跬步，无以至千里；不积小流，无以成江海。"孩子成长有一个过程，像养花种树一样，需要一滴水一滴水地滋润，急不来，快不得。对于孩子来说，遇到每件事都需要一步一步探索，有时甚至来回反复尝试确认。我们要允许他们的小心翼翼和冒进犯错，要有十年磨一剑的耐心和恒心。

一、别总是盯着孩子

——学习"孟母三迁"局外谋求破局

　　孩子的问题往往都是外部的力量引起的，教育孩子一定不要把所有的力都用在孩子身上，孩子稚嫩的肩膀难以承受。"孟母三迁"从表面上看只是改变了环境，实际上是局外破局，转移受力点。瞄准孩子成长的目标，不妨转移受力的支点，合力朝一个目标推进。孩子太小不懂事，家长把目光转向最能影响孩子的大人，解决问题往往事半功倍。

　　"孟母三迁"的故事家喻户晓，说的是环境对孩子的影响很大，孟母多次搬迁，直到找到一个适合孩子成长的环境方才定居下来。现在的房子这么贵，租房也不便宜，转个学就更困难了，要想学孟母换个环境还真不容易。所以，我们不能把目光只盯在环境上，而是要触类旁通、举一反三，别囿于局内，而要到局外去寻找破局的办法。局内就是一个点，局外才是一个面，围绕这个点从面上看问题，就能找出千百种办法。

　　风筝飞得高低，固然与风和线有关系，但关键是控制风筝的人，因为线由人的手控制着。如果仅盯着风筝，就找不到问题所在。

　　台前的戏演得好坏，固然与演员的技巧有关，但剧情安排与设计，则是后台导演的事。如果仅盯着演员，没有导演的安排，嘿嘿，大家都懂的。

　　这就如诗人所说："功夫在诗外。"

　　中医清楚经络相连，所以经常头疼而不医头，反而针刺其手；背痛而不医背，反而针刺其腿。

　　棋手也深得其中之道，常说："局外寻胜招。"围棋棋手比赛，常常可见到这样一种情况，你在我这一块得利，我不必非在这块寻机报复，而在另一块寻找主动的契机。为了改变这一角上的态势，可以突然改变战法，到另外的边角上迫使对手就范。

　　军事家看得更深了，也常常从对抗的"热点"之外解难题。在战争中，力量关系网上的各个点，既相互联系又相互制约，既有有形的也有无形的，既有场内的也有场外的，政治、经济、军事、外交等方面的关联因素交织在一起，共同影响着对抗的趋势。而这些交织的合力，并不都表现在现场的接触点上。因此，双方都非常重视从场外寻求制胜之策。但凡进行比较大的对抗，眼界都要超出直接抗争的

"焦点"，局外谋局。仅在被动局面之内寻找改变被动的方法，比较难；倘若跳出所处的被动环境，到局外去寻找，可选择的余地就大得多了。当敌对双方在既定的战场上久久相持之时，就需要跳出既定战场空间的范围，在更大的战略空间内，或在另一方向上揪住敌人的利益敏感点，发动突然进攻。

行隔理不隔，许多人都懂。

孩子天真无邪，纯净得就像一张白纸，没有那么多乱七八糟的想法。可以肯定地说，他想的、做的，从孩子的出发点来说都是对的，也有一定的道理，甚至说也是按照老师和父母的要求去做的。大多数情况下，孩子的想法和行为如果没有得到大人的重视，或是受到外力的干扰或影响而发生了改变，就会让老师或父母无法理解，甚至产生误解。由于找不到真正的原因，大人总是认为孩子是错的。实际上最先错的可能是我们自己，在孩子身上暴露的只是表象，并不是问题的根源。孩子小，不知道如何面对，很多时候都会想尽办法躲避，甚至有时候家长和老师越说、越埋怨，他的逆反心理越强，问题反而陷入了僵局。如果家长不善于引导和处置，孩子往往会产生心理阴影，阴影越深，危害越大。

面对棘手的问题怎么办？最好的办法就是学习孟母，转移目标，到局外去寻找开门的钥匙，悄悄解决孩子的问题。如果只盯着孩子，可能也能解决问题，但由于孩子的接受和理解能力有限，这个过程可能会很长。

家长局外布局，转移受力的对象，让孩子悄悄钻进去，在不知不觉中解决问题，像什么事也没发生过一样。当孩子走出来的时候，已经完成了破局。这样既照顾了孩子的面子，也解决了孩子的问题，卸下了自己的包袱。

1．解铃还须系铃人：从源头上解决问题

出现问题，首先要搞清这个问题是怎么产生的，从源头上解决往往能起到事半功倍的效果。比如孩子一直都很喜欢上幼儿园、上学，突然不想去，一般不会是自身的问题，极有可能是受到了外界的干扰。可能是老师无意中的一个动作、一句话，孩子却很在意，对老师产生怯意。

不管孩子出现什么问题，都要找准原因，从源头上解决问题，解铃还须系铃人。发现问题时，千万不能动不动就责怪老师，因为老师面对那么多孩子，不可能每一句话、每一个动作都那么到位，何况我们家长面对自己的孩子还常常束手无策。

当然也不能怪孩子，因为孩子从自身的角度看问题，总认为老师错了，自己又不敢说，悄悄埋在心里，时间长了产生了负效应。自己的孩子自己了解，不能把什么事都推给老师，只要找到合适的方法，就可以及时与老师沟通。关键是发现问题，然后再去稳妥地解决，最好无形也无声，像什么事也没发生过一样。特别是与老师沟通，需要一定的技巧，如果把握不好，就会让老师感觉到家长像是在兴师问罪。

下面就是发生在我家的真实故事。

孩子很喜欢上幼儿园，不觉已过了两个月。一天晚上，她悄悄地与我商量，能不能不去幼儿园。我问为什么，她犹犹豫豫，隐隐不说，似乎有什么心思。我没有在意，也就没有继续问下去。

我想了想，她回家之后确实情绪一直比较低，但也没放在心上。

第二天早上，她边穿衣服边嘟囔，今天不想去幼儿园。不去幼

儿园，家里没有人陪她，那是不现实的事。

第二天晚上，我来接她，她在回家的路上就与我商量，明天能不能不来幼儿园？我问为什么？她一会说幼儿园吃得不好，一会说幼儿园不好玩。我问她在幼儿园的事，她就说幼儿园不好。

说幼儿园不好，这好像是第一次。因为之前每次送她上幼儿园，她总在前面跑得很欢，或者拉着爸爸妈妈的手叽叽喳喳地说个不停。接她的时候，还要和小朋友在幼儿园再玩一会，甚至一直玩到闭园，离开时还恋恋不舍。回家的时候还把白天在幼儿园的事，绘声绘色地讲上一遍。突然说不想去幼儿园，让我们感觉她好像遇到了什么问题，问她却是支支吾吾，似乎又不想说。

第三天早上准备送她上幼儿园的时候，她突然说肚子痛。生病了当然要治，而且要尽快治。吃完早饭，我想带她去医院，她又说肚子不痛了。既然肚子不痛了，我就又准备送她去幼儿园，她马上说肚子又痛了。我没有多想，直接带她去了医院。到了医院后，她一直默不作声。医生开始检查身体，她几乎不说话，不是摇头，就是点头。后来又开了化验单进行了检查。医生看各项指标都很正常，一时诊断不出什么病，也没开什么药，就说可能吃了什么不干净的东西，回家休息休息，注意饮食卫生，好好调理调理。

回家之后，她又活跃了起来，又是唱歌，又是跳舞，还让我们陪着一起做游戏，一点也不像生病的样子。一天下来，再没有说肚子痛。

既然没有什么病，第四天早上准备继续送她上幼儿园。她又说不想去，说幼儿园不好。好说歹说，就是不肯去。我把她抱起来，她挣扎着下去，哭着闹着不肯去。我们先是劝，再是哄，甚至实施了威胁，都没有起到效果。问她为什么？她这才说是因为老师不喜欢她。

我问哪个老师不喜欢？她说是杨老师。我问她怎么不喜欢？她说前几天老师批评了她。我问她做错什么了？她就说跳舞时错了一个动作。我说做错了，老师当然要纠正。她说老师这几天都不理她，不喜欢她，所以不想去上幼儿园。

到现在我才明白了，她不想去幼儿园是有原因的，肚子痛也是装的，是因为老师说了她，冷落了她，认为老师不喜欢她。由于孩子多，这些小事情，老师可能也没在意，但孩子非常敏感，就把这当回事，甚至产生了心理负担。任我怎么说，怎么开导都没用，她就认定老师不喜欢她，哭着闹着，就是不肯去幼儿园。

我一时不知道该怎么办，找杨老师说说吧，又担心因为这点芝麻小事，引起老师的误会，怕老师有想法。不说吧，孩子心里面会有阴影，这个包袱不卸掉，始终是个负担。

想了想，我对她说老师今天肯定喜欢你。然后，我不顾孩子软磨硬泡，又反复向孩子保证，孩子总算勉强相信了。我把她送进幼儿园的时候，她一句话也不说，眼巴巴看着我，希望我一直陪着她。可我还是狠狠心和她告别。

从孩子的教室出来后，我悄悄地找到了杨老师。

果然不出我所料，杨老师很负责也很认真，特别希望能让每个小朋友都开开心心地在幼儿园里学习生活。我把话说得很委婉，没有直接说孩子的事，而是问老师有没有时间，请她帮个忙。我接着说，孩子可能有点误会了老师，希望老师当着我的面拉一拉孩子的手，抚一抚孩子的头，给孩子一个微笑，让孩子有点亲切感，消除这层隔阂，最好能找个机会表扬一下，给孩子一点自信。我说出了自己的想法，杨老师也理解了我的意思，点了点头。

杨老师领着我走进了教室，孩子没有主动跑过来，而是默默地看着我，甚至有点胆怯地看着杨老师。我走到她跟前拉着她的小手，对她说："老师非常喜欢你。"

杨老师微笑地看着她，走到她的跟前，拉着她的小手，轻摸着她的头，对她说："跟爸爸再见。"

杨老师的一系列动作都是我提前和她商量好的，一个微笑，一个动作，就是给孩子一个心理暗示，让孩子感觉到老师很爱她，消除她的心理负担，然后多关心她，多注意她，甚至偶尔表扬她一下，让她感觉老师还是很喜欢她。我自己和老师一起来到孩子面前，只不过是做做样子，走个形式，目的是给孩子一个依靠。

放学时，她高高兴兴地跟我说这说那，一路上就听她讲幼儿园的事。我就问幼儿园好吗？她说："好。"我又问她："老师喜欢你吗？"她自豪甚至有点夸张地说："老师可喜欢我了。"我又问："那明天去不去幼儿园？"她想都不想就说："去啊！"

一晚上，她一直在讲幼儿园的快乐，老师给她们盛饭，教她们唱歌，教她们跳舞。看到她神采飞扬的样子，我就知道她心中已经没有了阴影。

从早上到晚上，突然有了这么大的变化。这只是设了一个心理暗示的局，悄悄地卸掉了孩子的心理负担。老师其实与往常差别不大，只不过与以往相比，孩子今天特别在意老师的态度罢了。

后来，孩子再也不是不想去幼儿园，而是晚去一会儿都不行呢。

孩子情绪突然出现波动，只要不是刚刚上学、还未适应环境的新生，大多是在幼儿园或学校遇到了一点挫折，哪怕是很小的事，也可能在孩子心里留下阴影，这个时候单纯做孩子的思想工作基本上是徒劳的。我们需要找到一点阳光，让孩子重新灿烂起来。阳光就在源头上，家长需要去找老师帮助解决。只要老师能够给予孩子一些温柔的表示，哪怕是一个微笑、一个动作，如拉拉小手、拍拍肩膀、抚摸一下，对孩子来说都是莫大的关爱、无比的鼓励。如果家长只会简单地责怪孩子，很容易使孩子产生逆反心理，并不能很好地解决问题。

2．东方不亮西方亮：把受力点从孩子身上移开

孩子年龄小的时候，对很多事情不理解，接受能力差，解决问题比较费力，有时甚至就无解。这时不妨换个方法，换个思路。如果把一件东西的正反、上下、左右、前后、横竖转折颠倒一下，会有什么结果？在长达二千多年的时间里，数学家们都在努力证明欧氏几何第五公理的正确，许多人穷毕生之力也无丝毫进展。德国的高斯、匈牙利的亚鲍耶和俄国的罗巴切夫斯基三位数学家一反常规，他们试图证明第五公理是错误的，几乎同时提出了关于非欧几何的设想。

刨床上旋转的刨刀是固定的，这种结构世界通行，木料用手来推动，一不小心，手就容易被刨刀切伤。尽管很多人采用光电、机械等装置进行防护，但都在"防"上做文章。一个农民木工，一反常理，改变刨刀的结构，让木料固定，让刨刀滚动，从根本上解决了刨刀"吃手"的问题。东方不亮西方亮，黑了南方有北方。

就说孩子上课不举手这个问题吧，事情不大，却让许多老师和家长头疼。

真是有苗不愁长，一转眼的工夫，还没有什么感觉呢，昨天还是抱在怀里的孩子，今天就开始背上书包正式开始小学一年级的学习了。早送晚接，我们家长感觉与幼儿园没什么区别，就是每天多了一

件事，要开始关注她的学习，不能输在起跑线上。

上学才一周，班主任老师就给我们打了一个电话，问孩子是不是胆子太小。

说她胆子小，我是一点都不信。她几乎什么都不怕，好像没有她不敢做的事，翻栅栏爬大树，胆子比谁都大。她很灵活，又没有什么畏惧，北京市的一个体操教练甚至找上门来，要求带着她练体操。她更不怕生，与陌生人交流，一会儿就像老熟人一样。

我们问怎么回事，老师说她上学一周了，从不主动举手发言。

我们很纳闷，在幼儿园的时候，她举手发言特别积极，为引起老师注意，甚至站起来举手，就担心老师不叫她。

放学回家，我问她为什么不举手？她说，举手了，老师没有叫她。我又开导她，可以多举几次啊，老师就会发现了。我鼓励她只要会了就主动举手、积极发言，在老师面前好好表现。

第二天放学回家，我们问她，今天举手了吗？她说没有。问她，是不是不会？她说老师讲的她都会。看她作业做得也很认真，也非常正确，我们也就没在意。

过几天，老师又打电话，还是说她上课从来不举手，什么事都不举手，让家长多鼓励她上课举手积极发言。我们就继续鼓励她要举手，她却开始反感说，老师想叫谁回答就叫谁，干吗非要举手。我们再和她聊这个事，她就干脆不理了。最后，我只好强行要求她，明天必须举手。

第二天，我们问她，今天举手了吗？她竟然说："你们烦不烦！"

这样总不是办法，我上网查了查，这并不是个别现象。孩子上课不举手有很多情况，有的是孩子不会，有的是老师没注意。如果不举手，老师对孩子情况也难以了解，时间长了，孩子容易产生一系列问题，甚至产生自卑心理，把自己封闭起来。在网络搜了半天，也找不出一个好的办法。我又专门听了几次专家讲座，感觉这些专家的建议也就是鼓励鼓励再鼓励。

孩子在幼儿园喜欢举手，为什么上学之后会变得那么被动，我仔细地分析了一下，觉得可能既有孩子的问题，也有老师的原因。孩子说她举手，老师不叫她，说明老师没有注意，如果这样次数多了，孩子肯定就会觉得举不举手无所谓。如果老师没有见到孩子举手，就觉得孩子不够主动，要求她多举手，让孩子觉得没面子，好像她不会一样，心里就会觉得委屈。老师告诉家长，让家长在家多鼓励，孩子反而觉得老师是在向家长告她的状，很容易出现抵触情绪。结果，你越鼓励她举手，她就越不举手。

既然孩子不配合，难以突破，我就去找老师，毕竟老师比孩子好沟通，避开孩子还可以给孩子留个面子，不至于出现逆反心理。找老师之前，最好自己理好思路，才不至于盲目。我和爱人反复研究分析，觉得既然正面无法突破，就决定采取迂回的策略，分别找几位任课老师，主动向老师说明孩子的情况，希望采取"润物无声"的办法，悄悄化解孩子的问题。我们建议老师在提问题的时候，防止她不会，尽可能简单一些，为鼓励她举手，尽量多看她一会，给她一个微笑，用眼神、用表情进行鼓励。老师认可了我们的办法，采纳了这个建议。

一切按预定的方向发展，晚上放学回到家，她不解地对我们说："今天真奇怪，几科老师都叫我回答问题。"

我们有意问她："你没举手老师怎么叫你？万一你不会，那多没面子。"她竟然说："谁不会呀！老师笑眯眯地一直看着我，眼神就像鱼钩一样，把我的手钓了起来，我不好意思不举手啊！结果手一举，老师就叫了我。"

我们问她："那你以前怎么不举手？"

她说："我举手，老师不叫我，我还举什么手啊！"

我们明白了，不是孩子不举手，而是刚开始老师没注意，对孩子的举行没有响应，结果时间长了，孩子就不愿再举手。之所以很多家长没有成功解决孩子主动举手的问题，就是没有充分考虑老师的温柔鼓励和及时回应也是重要的因素，不要把所有的施力点都放在孩子身上。

我们发现，老师的目光暗示、微笑鼓励起了很大的作用，这种无声的交流给了孩子很大的鼓励，孩子从不愿举手到自觉自愿，并养成了主动举手发言的习惯。

我们一开始和许多家长一样，只是对孩子鼓励鼓励再鼓励，但孩子不一定听。有时即使加上物质激励，也不一定有效果。没想到，把受力点从孩子身上转移到老师身上，就轻而易举地解决了这个问题。

3. 诗内天地诗外功：局外也可以设局

作诗的功夫，在于诗外的历练。光讲究诗句工整、修辞华美，在字句上下功夫，没有宏大深邃的诗意境界，只能算是笔墨的游戏。孩子将来要走向社会，培养孩子还要紧跟时代。如果别的孩子都在玩游戏，你的孩子一无所知，就很难与别的孩子交流。培养孩子不能仅盯着孩子，还要看他身边的环境，知道他的老师，了解他的同学。

孩子很好奇，新的知识、新的环境对他们都有极强的吸引力，热情很高。司空见惯、习以为常的东西，孩子可能会感到乏味。孩子一旦不感兴趣或力不从心，一般都不是智力问题，往往都是兴趣和方法问题，或是环境问题。比如说学习，天天学习，年年学习，周而复始，就有不少孩子坚持不好，有的甚至疲于应付。家长越强调越容易产生消极抵触情绪，甚至陷入困境。这时候做孩子工作，一般很少能得到配合。

要想把孩子从困境中解放出来，就必须从困境外解决问题，千万不能让自己也陷入困境。为不引起孩子的抵触，就要在孩子以外的事情上下功夫，把着力点从孩子身上移开，"顺藤摸瓜"，盯着事情做文章，或想个办法设个局，或换个环境，转移受力的对象。一旦到了新的环境，孩子的注意力就被转移，自然而然就会表现自己最好的一面，原来的反抗力就会慢慢化解，防御线逐渐被"瓦解"，可能就很容易解决问题。

我们家的孩子从小喜欢英语，报了英语课外班之后却没了兴趣，甚至要求退课。我了解原委之后，转移了解决问题的思路，让孩子从困境中走出来，最后又变得"兴趣盎然"。

孩子很小就喜欢学英语，上小学后征得她的同意，我们在培训机构给她报了英语课外班。她一开始很有兴趣，每天背单词、背句型、做完形填空、听录音等等，老师留的作业都很认真完成。

两年之后，她突然提出不想上英语课了，做作业也不那么积极了，先是在她妈妈的督促下完成，后来干脆说不会，要在妈妈的指导下完成。说是指导，有时候其实就是她妈妈替她做了。

对于英语学习，我们总觉得只要有个好的学习环境，每周只要去听课，多少都能吸收一点，对她也迁就不少。后来她竟然得寸进尺，作业几乎是给她妈妈布置的，由她妈妈代劳完成了。她自己还觉得心安理得，甚至看都懒得看。

我与她妈妈商量，这样不行，下次帮助她做作业，就多错一点。她妈妈听了我的话，再帮她做时就有意错了不少。我从课外班把她接回来，她很尴尬地对她妈妈说："妈妈，你今天真丢人，做错了那么多，下次再不让你做了。"我与爱人相视一笑，要的就是这个效果。

后来发现，她也不是真的不会，而是确实不想做，似乎一点也提不起兴趣。

有一次，去上课之前，她忽然对她妈妈说："拿温度计来量一下，我好像有点发烧了。"

她妈妈最担心的就是孩子生病，赶紧找出温度计，给她在腋窝夹上，然后又摸了摸她的头，并没有感觉到异常，疑惑地说："不烫啊！"又急忙去端来水，递给孩子，关心地说："多喝点水。"

过了 5 分钟，温度计拿出来，36.5 摄氏度，体温正常，这下我们心里踏实了。孩子还是懒洋洋地说："我有点不舒服。"她妈妈问："哪儿不舒服？"她说："头疼"。

是否真的头疼，这就不好判断了。

她妈妈说："带你去医院看看吧？"

她有点无奈地说："算了吧，休息休息就好了。"

她妈妈点点头："那今天的课就不上了吧？"

她想都没想就立即同意了。孩子不舒服，大人也不能勉强，毕竟身体比学习重要。结果她一天什么事都没有，玩得不亦乐乎。

周末，又要到上课外班的时间了。她竟然与我们商量："能不能退掉？不上了？"我问为什么，她说老师总说她发音不准。我说，不准更要多听多练。她又说老师的课讲得不好，太死板，一点也不灵活。

　　小孩子都喜欢赞扬，是不是老师说了她，心里不舒服呢？我爱人与老师是老乡，比较熟悉。我就让她与老师沟通，适当表扬一下孩子。老师也确实这么做了，但是还没有效果，女儿仍然要求退课。

　　如果孩子不想上，家长逼着去，纯粹是花钱给孩子买罪受，大人买气受。思来想去，我对孩子说："咱们调换一个班怎么样？"孩子同意了，她妈妈却有些勉强，认为见到这个老师多不好意思啊。我说："没关系，你就说老师课上得很好，孩子基础差跟不上，给老师留个面子，自己心里清楚就行了。"

　　后来，我们就给孩子调换了一个班，换了一个新老师，孩子一直跟着她，再没有提过不上课的事，每次都提前做好课前准备，课后也把作业完成得很好，在学校成绩一直也保持在前几名。其间我还问她，这个老师怎么样，她说这个老师很好，很喜欢上英语课。

　　我想，可能孩子不太适应前一位老师的教育方法，导致学习兴趣越来越淡；后一位老师的方法正好与她的天性"合拍"，孩子觉得上课有趣，很有吸引力，所以学习很快乐。

　　试想，如果不及时换一个班级、换一个环境，我们只是一个劲地盯着孩子，强硬地要求孩子努力学，最后的结果必将是孩子对英语失去兴趣，甚至很可能会彻底放弃学习。

　　有了良好的开端，孩子中考、高考都考出了很好的成绩，后来也很轻松地通过大学英语的四、六级考试。

　　后来我又进行了反思，其实是我们有错在先。给孩子报课外班的时候，只了解了培训机构的实力，没有对授课老师的风格进行比较和选择。由于第一位老师的教学方法不适合我们的孩子，超出孩子的吸收能力和承受范围，对于孩子来说，逃避可能是能想到、能实现的唯一办法。如果我们没有及时调整策略，及时更换一个适合的新班级，后面肯定会产生僵局。如果打不开这个僵局，必定会影响到孩子学习英语的兴趣，那真是得不偿失，形象地说，就是搬起石头砸了自己的脚。

4．改不了孩子改自己：角色一换天地宽

经常看到这样一个现象，很多孩子十一二岁后，在家几乎不说话，但与同学在一起却是滔滔不绝。有的家长可能不在意，有的家长却很困惑，是孩子与我们越来越疏远了，还是孩子长大了，有了自己的小秘密不愿意与父母分享？我们是孩子最亲近的人，也是与孩子相处时间最多的人，孩子为什么不愿与我们交流？有的家长心里憋得难受，常常也会有意无意地表现出来，在家里就会出现这样的现象：大人在没完没了地絮絮叨叨，孩子却像麻木了似的一声不吭，一直保持着沉默，偶尔不耐烦地送上一个白眼，算是一个无声的反抗。大人无奈，拿孩子没有办法；孩子无奈，说大人没事找事。

这时候，做父母的就应该好好反省了。如果没有办法改变孩子，那就不妨想办法改变自己。我们家孩子原来也会这样，"不想开口"与我们说话，那后来又为何"滔滔不绝"呢？

孩子以前回家特爱说话，与我们交流很多，可是在三年级的时候却变了，闲下来要么抱个手机，上QQ与同学聊天、发微博，要么看电视，一个人自娱自乐，与大人几乎没有什么语言交流。她妈妈就问她，没有话与爸爸妈妈说吗？她总是不耐烦地说，说什么呀。

她越不说话，她妈妈越担心，害怕孩子得了自闭症。我笑笑说：

"没事，你见过得自闭症的人整天拿着手机与别人交流，或是见过自闭症患者自娱自乐，笑声不断吗？自闭症患者表情贫乏，你看她表情多丰富；别人干什么事，自闭症患者连看的兴趣都没有，你看她在学校多充实。"

据我们观察，她特别积极地参与学校的活动，在家准备得非常充分；到外面也能主动邀请小伙伴玩，好像在她的世界里无所不能。我想可能是我们的家庭教育出了问题，可我和爱人怎么反省，也找不出原因所在。

一次，我有意无意地问她："爸爸妈妈是你最亲近的人，有什么事情不能与爸爸妈妈说呢？"

她看了我一眼，稍微停顿了一下，说："我跟你们说话，你们都不听，我说了有什么用啊？"

我明白了，她是感觉到我们忽视了她。没想到小孩子也特别在意大人的尊重和关注，这一点我们倒是大意了。这个问题不能怪孩子，确实是我们的错。有时候，对于她说的话，我们感觉不怎么重要，听不听无所谓，就比较敷衍，没想到却产生了负效应。

我和爱人认真反省了自己的问题，决定立即改变，并且互相监督。只要孩子愿意倾诉，我们都会注意倾听，表现出很好奇的样子，让她感觉受到了重视。我们偶尔也与她进行深入讨论，她的主体地位得到了提升，让她感觉犹如"双星捧月"。

我深深觉得，如果因为自己的错误而指责孩子、埋怨孩子、那只能让孩子离我们越来越远。幸好孩子一语让我们惊醒，我们没有继续在孩子身上下功夫，而是从自己身上找问题，解决问题就容易多了。

　　通过反思，我发现家长都有一个共性现象，一旦发现孩子有点问题，第一反应就是孩子错了，其实有时反而是家长自己的错误导致的。孩子不与我们交流，我们只想到是孩子在疏远我们，实际上却是我们忽视了孩子，问题就在我们自己身上。孩子太小，就像一棵小树苗，有一点风吹草动，都会跟着摇摆。我们都知道"树欲静而风不止"的道理，换一个角度想，如果解决了风的问题，树不就静下来了吗？改变不了孩子，我们就改变自己，何必去和孩子较劲呢？

二、顺水才好推舟

——与孩子产生共鸣

推舟要顺水流的势，破竹要顺刀劈的势，教子要顺孩子的势。这个势就是舟与水的共鸣、竹与刀的共鸣、家长与孩子的共鸣。同频共振开展顺势教育，"必使其趋向鼓舞，中心喜悦，则其进自不能已"。

顺天者昌，逆天者亡，这是天道。

顺水推舟易，逆水行舟难，这是自然之道。

这个道理人人都懂，顺的是规律，不可违背不可逆。

教育孩子也是如此，顺着孩子成长的方向走，顺着孩子发展的趋势走，顺着孩子教育的规律走，就会顺风顺水，将会很容易到达预定的目的地，孩子高兴，父母满意，皆大欢喜。否则，逆水行舟，可能会事倍功半，甚至适得其反，孩子不高兴，父母不满意。

势如破竹也是这个道理，竹子开始的几节分开之后，后面顺着刀势就分开了，就会迎来节节胜利。

推舟要顺水流的势，破竹要顺刀劈的势，教子要顺孩子的势。这个势就是舟与水的共鸣、竹与刀的共鸣、家长与孩子的共鸣，只有同频共振才能产生势，才会产生意想不到的效果。

明代著名思想家、书法家、军事家、教育家王阳明曾经说过："大抵童子之情，乐嬉游而惮拘检，如草木之始萌芽，舒畅之则条达，摧挠之则衰萎。今教童子，必使其趋向鼓舞，中心喜悦，则其进自不能已。"一般小孩子的性情，喜欢嬉闹游戏而害怕拘束、责罚，就像树木刚开始萌芽时，让它舒畅地生长，枝条就能粗壮；摧残阻挠它，就会衰弱、枯萎。我们教育孩子，一定要做让孩子欢欣鼓舞的事情，让他内心高兴，这样他们就会以你都想象不到的速度进步。古代先贤早就认识到这个道理，如果一味地训斥孩子，与孩子较劲，这与摧残草木没什么区别。

父母的努力是为了帮助孩子成长，但孩子成长有自己的方向和节奏，这是必须遵循的规律。父母千万不能把孩子当成"泥巴"随心所欲地捏拨，破坏孩子本身的成长方向和成长节奏。好的教育者就像一个有医德的医生，治疗病人从来都是以不伤害病人为前提的。孩子也就像一个"顺毛驴"，家长要尽量顺着他，引导他到健康的成长道路上来。

5. 想加速就给一脚油：善于借助惯性

开车的人都知道，车要高速行驶，必须要踩下油门。手动的要换高速挡，就要先加油将速度提起来，然后再换挡。想要孩子努力成长，就必须善于运用惯性，借助惯性的力量给点鼓励、给点能量、给点动力。这也是孩子成长的心理需要，就如植物需要浇水一样。每一次称赞和鼓励，都是心灵的甘泉，都是对孩子自信心和自尊心的一次浇灌，也是对孩子的一次支持和帮助。这就像运动员在赛场，啦啦队的加油助威往往能够提升运动员的士气，甚至激发内在的潜力。这种鼓励往往就是一句话、一个微笑、一个动作，千万不要吝啬。

相信幼儿园的孩子能写诗吗？孩子的一次想象，让我和爱人都有点不太相信。

孩子在幼儿园大班的时候很喜欢背诗，而且记忆力也不错，尤其喜欢一些比喻的诗句。我就对她说，古人的想象很丰富，他们想登月就有了嫦娥的传说。我引导她说，你只要放开想你也能。她看着黑暗的夜空和天上的一弯新月，对我说："爸爸你看，月亮弯弯的像不像我的发卡？"

因为她妈妈刚为她买了一个像半月一样的发卡，我说："像。"

她又问："夜晚的颜色像不像我的头发？"

我一听，还真形象，小家伙想象力还挺丰富。感到还有潜力可挖，我接着说："你如果这样想象下去，将来也会写诗。"

　　听我一鼓励，孩子哈哈一笑，紧接着说出的两句话将我吓了一跳："那我的脑袋就像天空，里面能装好多好多的东西。"

　　孩子想象力太丰富了，很有诗意，还有哲理。回家之后，我鼓励她用自己的语言组织起来，写下来，就可能成为一首好诗。一刻钟之后，她写了歪歪扭扭的几行字：

　　黑黑的夜色像我的头发
　　弯弯的月亮像我的发卡
　　我的脑袋就是广阔的天空
　　里面能装好多好多的东西

　　虽然没有标点符号，但还真像那么回事，我赶紧喊爱人过来看。爱人看完也很激动，高兴地亲着孩子，连连说："宝宝也会写诗了。"

　　其实我也知道，孩子对诗的认识还处于朦胧阶段，甚至对这种诗一样的语言也没有太多感觉，但这种想象力太重要了。如果家长不了解，甚至会说，这孩子精神是不是有问题，想这么乱七八糟的东西。我们不仅鼓励她大胆地想，而且鼓励她要想得更多。

　　小学一年级时，有一天放学回家后，她告诉我她写的作文被老师表扬了。我了解了一下情况，原来这天做完早操，老师要同学们把做操的情况或感受写一下，不少于50字。她掏出作业本，拿给我看。

　　我接过来，并不是很在意。作文的最后，是老师的一行批语："此诗可以收藏。"我又仔细看了一遍：

　　　　　　　　《做操》
　　小乌龟起得早，爬来爬去，在沙滩上做操。

小白兔起得早，跳来跳去，在田野里做操。

小鱼儿起得早，游来游去，在河水中做操。

小鸟儿起得早，飞来飞去，在树林里做操。

小学生起得早，蹦来蹦去，在操场上做操。

没想到，才一年级的孩子就知道铺垫。我问道："你为什么想这么写？"

她说："我不知道怎么写，想着做操就应该起得早，我想小乌龟、小白兔、小鱼、小鸟起得都早，而且至少写50个字，我看没有什么可写的，就全写上了。老师给全班同学们念了，还表扬我了。"

我一听就笑，原来小家伙根本就不会写，只想着凑字数，老师为什么表扬，自己并不知道。

为了证明我的想法，我问她："知道老师为什么表扬你吗？"

她一脸的自豪地说："我写得好呗。"

我又问："好在哪？"

她说："我写的字多，其他同学都没写几个。"

我知道她根本不明白好在哪，就说："不是字写得多，而是内容丰富、形象生动。"看她稀里糊涂的样子，我知道她还不理解，更别说什么前面的铺垫，我干脆转换了一下话题："见过跳远吧？"她点点头。

我告诉她前面小乌龟、小白兔、小鱼、小鸟，从田野到水里再到天上，就像跳远最初时的助跑，最后一句话才是关键一跳，这一跳既是画龙点睛之笔，又突出了老师的要求。前面的小动物就像绿叶，小学生就是红花，绿叶衬红花，红花就更鲜明了。如果单纯地写做操，就显得单一了，有了这些小动物的加入，就显得生动丰富了。

她点点头，似乎明白了，又似乎疑惑："作文都是这么写的吗？"

　　我告诉她也不一定，古人说，文无定法，就是没有什么规定，要写就放开了写。我鼓励她："这是一个良好的开始，只要你努力，一定能写出好的文章。"她也很开心，说："我一定会写出好文章！"

　　孩子总是越鼓励越有劲，就像开车一样，给的油越多力越大，车跑得越快。

　　孩子儿歌学得多，在二年级的时候自己写了一首，也很有意思，名叫《学外语》：

中国娃娃学说外国话

Let's go 我们出发

ABCD 叽叽喳喳

English 原来不复杂

学会了，记住它

我们来对话

　　显然写得很简单却也押韵，中英文相结合，很有意思。我们鼓励她，非常好，如果还能写出更好的，我们就请人作曲，由她演唱。五年级时，她又写了首《你笑笑我笑笑》：

你对我笑笑，知道问声好；

我对你笑笑，架起连心桥。

笑一笑，笑一笑，

真呀真奇妙！

一个微笑，无数个回报；

一个微笑，无数个拥抱。

你对我笑笑，知道心情好；

我对你笑笑，心中乐陶陶。

笑一笑，笑一笑，

是呀是个宝。

一个微笑，快乐的信号；

一个微笑，幸福的门票。

你笑笑，我笑笑，

人人都需要；

你笑笑，我笑笑，

谁也忘不了。

我一看很有意思，拿给作曲家姜延辉老师看。他说很有童趣，真不错，并很快谱好曲、做了伴奏带，还对孩子进行了辅导。后来姜老师还抽出时间亲自带着她去录音棚录了音，成为孩子成长中一份珍贵的纪念。

我在整理这些资料时，突然想到了古人常说的一句话"见好就收"，说的是做人不要太贪心；可是在教育孩子方面，我认为恰恰要"见好就放"，才能更好地激发孩子的热情。放得越高，孩子就会飞得更高；放得越远，孩子就会走得更远。

6. 表扬的时候拐个弯：还可以做得更好

人都喜欢受到表扬，孩子也不例外。表扬往往是对一个人的肯定和认可，会让人涌出一种能量，使人有一种成就感、自豪感。可是表扬必须把握好度，否则过犹不及。适度就产生正能量，成为成长进步的一个动力；过度就会产生负能量，容易让人骄傲、自负。所以表扬的时候，不妨拐个弯，附带着解决一个小问题。就是要在肯定成绩的时候，针对其不足提出改进的意见，防止表扬过多，让孩子过多地关注结果，甚至变得虚荣了。肯定成绩是主流，指出问题或提些建议是支流，主流与支流一般以二八开为宜，当然一九开也可。教育孩子不能是为了赞扬而赞扬，而是为了成长进步才赞扬，顺着赞扬形成的势，悄悄地拐个弯，将问题一并解决了。这就像搭顺风车，不费力气就能到达终点。

"妈妈，今天在那么多人面前，你一句也没表扬我。"爱人带着孩子回到家，孩子就有点失落地说。

爱人带孩子参加一个朋友聚会，大人在一块交流很多关于自家孩子的事。

"怎么没有？我在那么多人面前说你听话、学习认真、成绩好。"爱人说。

孩子撇了撇嘴，伸了伸舌头，似乎有些无奈地说："那叫什么表扬？虚伪。"

两个人的对话让我进行了反思。

孩子为什么要表扬？也许是表扬多了，听不到表扬不舒服。就像一个人习惯于某件事，一旦没发生，就感觉不正常。

　　孩子为什么说表扬是虚伪？因为她感觉不到真心。什么听话、学习认真、成绩好，这些都太笼统，不具体，谁都可以这么说，好像在应付。可见表扬不是直接说结果，而是要把过程和细节带上，才能让人感觉到真实，才有针对性。如果表扬学习认真，应表扬她怎么认真，一听就是在表扬她，而不是在表扬别人。如果表扬成绩好，应表扬她哪一门成绩好，好到什么程度，不是随便说说的。

　　孩子都喜欢被表扬，没有表扬就看不到自己的进步。她以前学电子琴，先跟一位老师学，她是这个班最好的，老师越表扬她越有兴趣，弹得越好。后来转到另外一个班，这个班的孩子学的时间都比她长，弹得也比她好，老师总是表扬别的孩子。她学琴就没兴趣了，后来干脆不学了。

　　表扬多了也不行，孩子就会很虚荣，心也会浮躁，不利于长远发展，我们家的教训很深刻。

　　初二开学要进行测试，检验暑假复习的情况。开学前一周，孩子还像往常一样做一会作业、看一会电视、上一会网，特别是晚上看电视看到很晚还不睡觉。我就对她说要收收心了，她不以为然地说，"我都复习好了，没事的"。

　　看到孩子一天到晚自以为是的样子，爱人还经常表扬她，这个表现不错、那个表现不错，这个没问题、那个没问题。我感到有点过分，预感到要出现什么问题，就悄悄对爱人说，别再这么说了，那是在"捧杀"她。爱人却不以为然。我不得不旁敲侧击地提醒爱人，表扬的同时，也得提醒孩子再复习复习功课。

　　测试的成绩出来了，果然很不理想。孩子自己也对考试情况进行了分析，并主动与我进行交流。她说语文文学常识、文言文、作文有进步，但阅读理解得分不高；英语成绩经过暑假强化有进步，没有犯常识性的错误，单词、完形都没问题，但英语作文得分还是不高；数学难题都对了，大题都没有丢分，基础题却忽视了。

我问她："知道是什么原因没有考好吗？"

她说："太粗心大意了。"

我说："不仅仅是粗心大意了。想听我说说吗？"

她点点头。

我首先肯定了她的进步，主要是在语文和数学上。我接着说："你还可以考得更好。首先是语文，弱项变强了，文学常识一分未丢，文言文部分扣分也不多，作文50分拿了47分，得分算是高的了，但总分为什么退步了？原因就是强项不强了，以前阅读理解很少丢分，这次丢了近40%。其次数学，难题大题都对了，错的都是不该错的，那都是小题、容易的题。"

我顺着她的分析走，"说是粗心大意，我看这只是表面现象"，她有些不解。我接着说："主要原因就是自我感觉良好导致的心浮气躁，干什么都虚了、飘了，想得也不深、不透、不全。像语文阅读理解，如果想得不深、不全，就没思想，就像吃饭没味道，要是能读得很深刻，老师不可能不给你高分。数学也一样，如果静下来、沉下来，容易的题根本就不会错。"

为了解决心浮气躁的问题，我们一起商量了解决办法，并制订了计划。后来按计划实施，效果很好。

我还想起了作曲家姜延辉老师辅导她唱歌的故事。

可能是她正处于变声期的缘故，练习准备参加比赛的歌曲时，高音就是上不去，自己练习了一个月，还是有点像小公鸡打鸣，即使上去也很勉强，声音也没法听。我就与姜老师联系，带孩子到他家请他指导。孩子一开始不想去，被大作曲家辅导，小孩自然有心理压力。

况且孩子很熟悉姜老师，知道他辅导了不少家喻户晓的著名歌唱家，对演唱的要求很高。但是为了比赛获得好成绩，她也只好勉强答应了。

姜老师让她先唱了一遍。孩子很认真，脸憋得通红，很用力，也很紧张。唱完之后，她可能也知道不好，略显不好意思，将身子一扭，又强撑着看着老师。

姜老师微微一笑，开口就说："你唱得很好，很多孩子达不到你这水平。"

听姜老师一说，孩子放松了，脸色也好看了不少。

姜老师接着说："你还可以唱得更好，现在主要是不会用气，你要先吸一大口气，然后再唱。如果吸的气不够，后面的气肯定跟不上。"姜老师一遍遍示范，让她跟着一遍遍模仿。

孩子反反复复地练习，姜老师认认真真地纠正，问题终于解决了。姜老师的认真和耐心感染了我，我对姜老师说，"你可真有耐心"。

姜老师说他现在好多了，以前可不是这样的，录音的时候非常严苛，总爱批评人，有的女歌手都要流泪。现在年龄大了，耐心多了，一般都是先肯定，然后指出问题。小孩子更要这样，先肯定，才有自信，才好沟通，换句话说，就是表扬的时候拐个弯，趁机把问题解决了。

表扬的时候拐个弯，这就是高手的水平。

"好言一句三冬暖"，表扬更能暖人心。我感到，表扬孩子不要信口开河，随便说说。一是表扬到细节上，让孩子感到是真表扬，不是家长的敷衍。好，好在什么地方，要能说出来、说到位。二是目标要明确，就是奔着解决问题去的，最好有个预案，才有针对性。三是肯定之后的批评，就像是顺着走后再拐个弯，定位要准，必须孩子能认可。四是这个弯的幅度不能太大，小一点，确保孩子能够轻易通过。

7. 理顺孩子的烦心事：将负能量化解为正能量

孩子有孩子的世界，有孩子的想法，不能用大人的心去猜测，而是要用孩子的眼睛去观察，用孩子的心去体会，才会理解孩子的想法，才能走进孩子的内心世界，将孩子不顺心的事情理顺，让孩子抛却不必要的烦恼。特别是在对孩子理解的基础上再进行引导，将孩子的委屈、烦恼、忧愁等等负面的东西转化为正能量，成为孩子成长进步的燃料，帮助孩子腾飞。

关于发现，一般情况下不难。孩子在行为、语言上的变化，稍为细心的家长大都可以发现。可能是嘟囔几句，或是发几句牢骚，这是语言上的变化；也可能忧郁，可能沉默，甚至坐立不安有些不耐烦的表现，这是行为上的反常。出现这样的情况，父母一般要结合孩子这段时间的学业情况进行分析，来理解孩子的心情，如果大人孩子沟通好的话，一切都好办。最后的关键是引导，一定要帮助孩子认识到问题所在，看清努力的方向，千万不要误导孩子。回味孩子在学习英语过程中曾经发生的故事，对我有很多启发。

进入初一后，孩子英语算不上好也算不上差，除了一次92分，一般都在85～90分之间。如果班级平均分是85分，她也不会超过90分。即使班级平均60多分，她还能考到80多分。连英语老师都有点奇怪，这分数上也上不去，下也下不来，这也太稳定了，甚至与她开玩笑，问她是不是故意的。

后来我们跟孩子一起分析，发现问题的关键是基础分丢得太多，且大多是英语单词和句型。放假后专门给她报了一个英语班，有针对性地进行强化。开学后学校进行英语测试，孩子的成绩仍然让我们哭笑不得，100分的试卷还是得了80多分，既没有升，也没有降。

这时候班级换了一位英语老师，是学校英语教学骨干，是学校作为优秀人才从天津引进的。他看完孩子的试卷对她说，你错的都是常识性的东西，稍微认真一点，你可以考95分。

老师姓刘，刚带完一个初中毕业班。据说他带的那个毕业班，中考英语平均分114分。开家长会的时候，他很自信，声称孩子们的基础比他刚带毕业的那个班基础好多了，只要按他的办法学习，他有信心让孩子们的平均分达到115分，请家长们配合。他说他的方法很简单，根据他的总结归纳，只需要掌握2000多个单词、300多个句型、8篇作文，基本上问题不会太大。

聪明的孩子都会偷懒，我早就发现这个问题，但是纠正起来比较困难。对于老师布置的作业，孩子基本都能不打折扣地完成，你如果再想给她增加一点，真不知道有多难。甚至她有时候还会说，你们真想让我变成"学奴"吗？搞得我们无话可说。我们早就知道她是英语基础有问题，特别是单词没过关，但找不到解决的办法。老师的做法正中我们下怀，当然全力支持。

刘老师将要背的单词发到网上，要求孩子每天背100个单词，然后进行抽查。第一天背的算是勉强，第二天测试考了79分。我问她别的同学怎么样，她说有的90多，有的100分。但是她不服气地说，老师不在，他们都是抄的。第二天又背了100个，第三天测试考了84分。问她别的同学，她仍然与以前说的一样。我们想可能还是她努力得不够，总强调别人抄，是不是在给自己的低分找面子？

后来，我去外地出差。一天早晨爱人与我通了电话，说刘老师找孩子谈话了，孩子哭了。孩子说自己记忆力不好，没有信心学英语。

说她别的，我可能还相信，说她记忆力不好，我是绝对不认可的。因为我经常与她一起背课文，她看两遍基本上就会背了，应该说是比一般人强的。孩子哭了，那是觉得老师谈话丢了面子，伤了自尊心。

爱人还说，孩子说别人都在抄，就她没抄，她也怂恿孩子像别人一样能抄就抄。我当时就批评爱人："你怎么能这样教育孩子，孩子迷茫，你也糊涂了？"

我让爱人将电话交给了孩子。孩子在电话里情绪不太好，我问了下基本情况，她还是说自己记忆力不好。我当时想，不能让孩子失去自信，如果那样，对孩子将是长期的打击，这个障碍越不过去，将会影响到后续的学习。

我就说，你已经非常努力，表现得也很好了，第一次79分，第二次84分，每天都在进步，你记忆力没问题。孩子认可了我的说法，说："他们很多人都抄了，我没有抄。"我说："你这么做是对的，一是表现出你很诚实，二是反映了你真实的水平，老师找你谈话是因为关心你，没有放弃你，你更应该努力，而不能觉得没有面子。别人抄，是缺乏自信；你没有抄，也说明你有足够的自信。现在测试的时候抄，那中考的时候还敢抄吗？抓住就是零分。相信自己，你的记忆力比谁都强。"孩子认同了我的看法，我知道她开始放下包袱了。

我出差回来去接孩子。孩子一见我就说，今天好开心啊！我问什么事这么开心？她说今天进行本周500个英语单词测试，90分过关，班里只有5个人过了，她是其中之一。我问，那这次没人抄？她说刘老师亲自监考，哪个敢抄？

我说："怎么样，老爸说得没错吧，你记忆力没问题，只要你努力，一切都没有问题。"

再一次测试，单词问题克服了，成绩也上来了，100分试卷考了95分，这是上初中之后的第一次突破。她自己开心极了，学英语的兴趣也提高了。她后来轻松背完了2000个单词、300多个句型、8篇作文，自己还很自觉地进行复习巩固，中考120分的试卷考了116分。

我们早就发现孩子的基础问题，就是找不到解决的办法。有了自己的想法，孩子不配合，我们束手无策。对于老师这种强制记忆的办法，孩子一开始并不乐意接受。当我听说孩子因为不会背而伤心大哭的时候，自己也很心疼。好在我及时找到了解决问题的钥匙，因势利导，顺利地解决了。首先，肯定地告诉她记忆力没问题，打消她的疑虑。其次，肯定她的进步，一天比一天记住的多，让她有了自信。第三，表扬她的诚实，让孩子感受到自己的成绩是实打实的，没有掺假。第四，说明老师是在关心她，自己要努力，不要让老师失望。第五，予以鼓励，让她相信自己。这样环环相扣，思路清晰，就会取得好的效果。

8. 将错就错才有所值：在宽容中举一反三

人非圣贤，谁能无错。孩子犯了错，家长一定要坦然面对。不要总拿孩子说事，又是训斥，又是埋怨，甚至打骂，这都不是聪明的做法。这既容易让孩子反感，又给自己添堵。这时候只能将错就错，因事化解。一般情况下，孩子自己能认识到错误，有时可能还会自责，还会主动思考怎样才能避免再次犯错。如果不分青红皂白大批一顿，就会让一份可贵的自责被丢弃。错了也就错了，如果能挽回，尽量帮助孩子挽回，如果挽回不了，就要让孩子从错中举一反三，思考怎样才能避免再次犯错，接下来该怎样做。这既能让孩子认识到问题所在，也会感谢父母的宽容，自觉自愿地汲取教训，让错误产生新的价值。

　　北京作为第29届夏季奥运会的主办城市，将奥运会会旗交给了第30届夏季奥运会的主办城市伦敦。2009年暑假，根据北京市教委的安排，孩子所在的小学代表北京市赴伦敦参加为期半个月的奥运会文化交流。孩子被选为代表，她自己很高兴，我们也很高兴。她一直很向往牛津大学，想亲眼看看盛名已久的英国人的绅士风度。我们采购了必需的生活用品，还专门给她兑换了200英镑当作零花钱，临走前听说还要在北京机场住一晚上，又给孩子300元人民币，方便孩子在机场购买一些事先没准备而又急需的东西。

　　孩子去了两天没打一个电话，我想着反正有老师带队，也不担心，没打电话说明没事。

　　第三天凌晨一点钟，孩子打来电话，爱人接的。孩子第一句话就是："妈妈，我的money（钱）丢了。"

　　爱人的处置方法非常明智，没有责怪孩子，而是说："没事没事。"

　　旁边很多孩子叽叽喳喳，就听孩子高兴地对他们说："我妈妈说没事。"

　　爱人接着问："那你还有没有钱？"

　　孩子说："我正在给你们买礼物，刚花了50英镑，其余的都被小偷偷走了。"

　　爱人问："人没事吧？"

孩子说："没事，钱包就放在背包里。我在挑东西的时候，钱包被偷走了，老师已经报警了。"

爱人说："人没事就好，如果需要花钱，先向老师借一点，回来再还给老师。"

孩子说："不需要了，机票食宿老师都安排好了。"

爱人接着说："一定要注意安全。"

放下电话，爱人又将电话内容向我转述了一遍。我说："你做得很对，钱丢了就丢了，埋怨孩子也不可能找回来，而且还给孩子添加心理阴影，后面十几天还开心不起来。"

从伦敦回来后，孩子非常兴奋，一直向我们叙述在英国的所见所闻，以及同伴们之间发生的故事。说起丢钱的事，免不了有几分失落。我故意打趣她，笑着说："你不是说英国人都是绅士风度吗？可他们小偷不如中国的小偷，因为中国的小偷很少偷小孩子，看来中国的小偷比英国的绅士。"

孩子被我一番说笑，也乐了，接着又气愤地说："英国小偷真可恶，连小孩都偷。"

我又问："如果再外出交流，你会如何避免类似的问题呢？"

她想了想说："我会加强防范，把包从背在身上改为挎到胸前，包包不离开我的视线，小偷就没了机会。我还可以请老师帮我保管现金，自己只留一些零钱备用，花完了找老师取。或者分开存放，把急用的放在外面，不用的放在里面，不拿出来，小偷看不到就不会注意了。同时呢，我还可以提醒大家提高警惕，互相照应，小偷看到我们防范严密，就会放弃了。这次丢的有点多！"

我笑着说："丢就丢了，就当是捐给伦敦奥运会了。"

她说："伦敦举办奥运会，治安条件这么差，不会影响到英国的形象吗？"

我笑着引导她："当然影响了。你应该用英文给伦敦市长写封信，伦敦作为奥运会的主办城市，应该加强伦敦的治安管理，说不定市长还会给你回信呢。"

她说："老师已经报过警了，说破了案会与老师联系的。"写信她倒是不干，原本想以此提高她的英语水平，没想到这家伙对英语没有那么自信。

后来，我们还探讨了很多问题。她很纳闷牛津大学没有清华大学、北京大学气派，建筑物也很旧，怎么还那么有名？我告诉她，你去网上查一查，看牛津大学出了多少名人。她查了一下告诉我，难怪这么牛，这是英语世界最古老的大学，号称是"天才与首相的摇篮"，竟然出了12位国王、50多位总统与首相、40多位诺贝尔奖获得者。她激动地说："我以后也去牛津大学上学。"

我觉得有必要教孩子辩证地认识问题，就接着说："外国也不一定什么都好，英国也有小偷呢，还偷小孩子的东西啊。"

孩子点头说："真缺德。"她能够把偷窃与道德联系起来，也真不容易。

我又说："中国也在不断发展进步啊，而且特别需要越来越多的优秀年轻人来建设，让我们的祖国越来越好！"

她思考了一下，点点头说："还是我们中国好。即使我将来上了牛津大学，毕业后还是要回到中国。"

我又趁机进行了一番爱国主义教育。

她说："我一定好好读书。"

我说："这就对了。古人说'读万卷书、行万里路'，对他们来说，读万卷书易，行万里路却难。对于今人来说，飞机飞越万里是很容易的事，静下心来读万本书却很难了。现在生活条件这么好，我们比古人幸福多了，应该腾出更多时间来读书。"

出国丢钱这件小事，不仅让孩子增强了防范意识，还让孩子有了奋斗的方向。这样一来，这错也值了，权当是交一笔成长的学费了。

后来想，在孩子钱包被偷这件事上我们也有错。对于孩子第一次出远门，一是考虑问题不周全，只想到去游览观光，没想到也要注意防范安全风险；二是没有教孩子如何防范，也没有提醒；三是100元人民币与50英镑的颜色很相似，放在一起，显得有点多，引起了小偷的注意，增加了失窃的概率。这些问题如果都考虑到了，提前提醒孩子，甚至模拟演练一下，就可能不会发生被偷的事情。

三、该放手时就放手

——把锻炼的机会留给孩子

想放手却放不了手，往往传递出互相矛盾的双重信号缠绕孩子，既让孩子感觉到父母的不信任，又容易让孩子产生不自信的负面效应。事事代劳事事操心，不仅剥夺了孩子锻炼的机会，也让孩子更加不用心。只有放开我们的手，才能让孩子真正地学会走路。

　　古人云：授人以鱼，不如授之以渔。意思是给人鱼吃，只能使人享用一时，不如教人捕鱼的方法，才能使人终身有鱼享用。用这句名言来形容教育孩子再恰当不过了。

　　父母都明白这个道理，但往往是想放手却放不了手。这种矛盾的心情往往传递出双重信息，而这双重信息往往是矛盾的，让孩子感觉到父母的不信任，带来的负面效应就是容易让孩子不自信，甚至不知所从，或者束缚了孩子的行动。父母的这种心情可以理解，关键是别让这种双重信息缠绕孩子，而是要想办法利用这双重信息引导孩子，给孩子创造成长锻炼的机会。

　　孩子刚出生的时候需要你抱着，学走路的时候需要你搀着。当自己摇摇晃晃开始能走的时候，可能需要你拉着，需要你跟着。只要不摔倒，更多的时候只需要你看着。只有放开我们的手，孩子才能真正地学会走路。如果你想放开，又表现出搀的模样，孩子就会寻找依靠，甚至不敢迈开脚步。实际上，孩子重心低，摔几跤没关系，并没有大人想象的那么严重。教育孩子也是这样，只有放手，才能让孩子得到锻炼。如果事事都由大人代劳，孩子就失去了锻炼的机会。

　　你多操心，孩子就会少用心。反过来，你少操心，孩子就会多用心。千万不要口是心非，欲拒还迎，这边刚放下，那边又开始牵挂，担心这担心那，反而让孩子无所适从。该是孩子的事就交给孩子，这是成长的需要，这是人生必修的一课，即使今天缺课，明天还会补上，只不过是迟与早的问题。早放手，孩子早长大、早懂事、早独立，大人早减负、早轻松、早开心。

　　当然放手不是撒手不管，而是要进行有目的地引导。很多人可能都有这样一个经历，希望锻炼孩子去独立完成一件事情，却又放心不下。其实这样并不好，你释放出双重信息表现了你心中的矛盾，接到双重信息的孩子往往搞不清你的真实意图，在怀疑中也会变得焦躁不安，会感觉到你不信任他。你可以明明白白地告诉他，你希望他安心，不必惦记你，你也不再担心他。这时候你将不信任转化为尊重，孩子反而会更放心地做自己的事，得到更好的锻炼。

9. 能做的事情自己做：培养孩子的责任与担当

孩子不断地成长，能力也在不断提高，家长可以放手让孩子做一些力所能及的事，也是培养一种责任与担当。别担心孩子小，这也做不好，那也做不好。先别说好不好，而是你舍不舍得让孩子做。有的孩子上幼儿园大班了，家长还经常端着饭碗跟在孩子后面追着、哄着吃，就怕孩子吃不饱，越是这样，越是容易使孩子养成坏习惯，想改掉还有点困难。

孩子一上幼儿园，我们就明确告诉她，自己能做的事情就自己做，别指望老师像爸爸妈妈一样，替你做这替你做那。手要自己洗，衣服脱了要自己叠放在指定的位置，不知道的老师会告诉你，不会做的老师会教你。

上幼儿园第一天，我就发现了孩子的进步。回到家，她吃了根香蕉，然后把皮扔到茶几上。我看了她一眼，她可能感觉到了自己做得不对，悄悄地拿着香蕉皮，放到垃圾筒里。这件事虽小，但让我感觉到她自己有了责任意识。以前，我们也没在意，都是把香蕉剥好了交给她。我意识到，要开始培养孩子自己做事的能力。

晚上，妈妈打了盆水给她洗脚。我问她："会不会洗脚？"

她说会，我说会就自己洗。

　　也许是好奇，也许是觉得好玩，她把小脚丫放到盆里扑腾扑腾地打着水。水花溅了一地，爱人刚要说话，我对着她摇摇头，转身对孩子说，这可不是洗脚，这是玩水，然后告诉她脚应该怎么洗。她按照我说的方法把脚洗干净，又自己擦干。

　　我表扬她自己能洗脚了，她很高兴。趁着她高兴的劲儿，我就问，既然能洗脚了，那会不会洗袜子？她一高兴就说会，把袜子扔到洗脚盆里，找了块肥皂自己像模像样地搓揉了起来。我一边看她洗一边夸奖她，同时不忘向她灌输，自己的事情自己做。她一边听着，一边自豪地复述，自己的事情自己做。

　　尽管被她弄得满地是水，袜子也没洗干净，后来爱人又是拖地、又是重洗，收拾了好半天，还抱怨地说不如自己干了。我说："你替她干了，她将来就什么都不会干。"通过几天持续练习，孩子也就习惯自己做了。

　　冬天到了，孩子穿上了防寒的厚外套，在进入有暖气的教室前，会先把外套脱了放到门口的柜子里。我在家的时候就教会她怎么叠，并反复进行了训练。

　　在幼儿园，我发现大多数的家长都帮孩子脱衣服。而我送孩子时就站在一边，看孩子自己叠，自己放。很多家长都感到很纳闷，怎么不帮帮孩子，我只是微微一笑。这么做，既让自己很轻松，更是让孩子自己有一种自信心，感觉自己长大了，自己的事情自己都会做。

　　一天早晨，我送孩子去幼儿园，孩子自己脱了外套叠好，放进柜子里。旁边的一个小朋友是爷爷送入园的，爷爷帮着小朋友脱了衣服。可能是由于年纪大，手脚不那么灵活，爷爷总是叠不好。我没想到的是，孩子主动走过去说："爷爷，我来帮你叠。"她接过来熟练地将外套叠好，帮着小朋友放到柜子里。她边放边对小朋友说："自己的事情自己做。"老人感到很意外，连说谢谢，还让自己的孙子多学习。老师在门口看到这一幕说："自己的事情自己做，俞露真棒！"她自己感到很自豪，拉着小朋友进教室去了。

自己的事情自己做，不仅让孩子有了自豪感，同时也培养了孩子的自信心，还让她感觉自己都有能力帮助别的小朋友，这一点是我没想到的。

上小学时，当看到很多送孩子的家长都替孩子背书包时，孩子就问我："爸爸，你为什么不帮我背书包呢？"

我就问："你能不能背得动？"她说能，我说："能背干吗让我背，这是你的书包，你是学生，不背书包，就如同战士不背枪，不背枪怎么打仗，战士背着枪就会始终感觉到自己是战士要打仗。同理，不背书包怎么学习？学生背书包才会记住自己是学生要学习。"

她点点头，似乎听懂了这个道理。以后不管家里谁接送，都是她自己背书包，再不让别人替她背。她自己也经常说，不背书包就不像个学生。

自己的事情自己做，是培养孩子的责任。要培养责任，就要从孩子能做的小事开始。

如果孩子能做好自己的事情，能够养成一种习惯，对大人也是一种解脱。

孩子一上学，就要让其知道，学习是自己的事，谁也不可能代替。我们专门给孩子立了三条规矩。

第一条规矩：放学回家完成作业之后再玩。每天放学回家后，第一件事就是做作业，作业做完之后，才能干别的。我们特别告诉她，做作业是学生的任务，如果想着玩，作业做不好。如果作业没做完，就去玩，想着作业还没做，也玩不好。所以集中精力做完作业，才能放开玩，才能玩得痛快。不然作业没做完，玩得就不痛快。

第二条规矩：每天睡觉前要做好第二天上学前的一切准备。第二天上什么课，带什么书，需要什么文具，前一天晚上都要准备好。不能等着第二天早上才想起来。也不要希望大人帮你准备，上课需要什么东西老师告诉的是你，不是爸爸妈妈。自己的事情以自己为主，爸爸妈妈为辅，只能提供必要的帮助。

第三条规矩：做完事情要进行检查。要孩子明白自己的事情首先自己要负责，什么事情做完尽量检查一遍，发现问题及时补救。我们特别要求，作业做完并检查后，才能交给爸爸妈妈检查，在离家前最好再检查一遍书包，防止有遗漏。

这些要求只要你提出，孩子基本都能做到。只要坚持下去就会养成好习惯，父母也会省很多心。

这三条规矩孩子一直坚持得很好，并养成了习惯，至少作业不会拖拉了，课前准备也不会丢三落四，自己的事情能够有条不紊地安排了。

一次，她放学后给我打了一个电话，让我下班时为她买几件东西，我答应了。让我没想到的是，孩子竟然要求我复述一遍，看我记下来没有。这让我想到电影中的一个场景，上级指挥员下达完命令，为防止下级执行有误，一般会要求下级复述一遍。本来，孩子交代完了就行了，她却要我复述一遍才放心，可见真是自己有了责任心。

这几件事让我感受到，孩子与大人一样，只要真正把事情放到自己的肩上，就会主动地担起责任，就会很用心。如果家长这也不让孩子做，那也不让孩子做，都由自己代劳，孩子反而会形成依赖心理，就会发展为以后做什么都缺乏主动性和积极性，这将不利于孩子成长。

10. 不会的事情学着做：培养孩子的动手能力

人一生都在学习，离开了学习必将一事无成。不学习什么都不会做，甚至连勺子、筷子都不会用。外国的成年人到中国都用不好筷子，而中国的小孩却用得非常熟练。这就说明，有不会的事情不要紧，只要开始学，总有一天能学会，这没有什么可怀疑的。经常见到广播电视报刊报道一些不幸家庭的孩子，八、九岁就承担起生活的责任，自己洗衣做饭。在很多父母看来，这是不可思议的，毕竟只是孩子啊，怎么能做这么复杂的事？

就算我们的孩子生活条件要好很多，我们也要积极想办法培养他们动手的能力，逐步学着做事情，而不是等长大以后再说。等到长大了，孩子就可能已经养成了那种衣来伸手、饭来张口的习惯，没有了主动做事的意识。

一旦养成了这种习惯，再想去改变，还真不是一件容易的事。即使能够改变，也将会是一个漫长的过程。

孩子都三年级了，爱人却很少安排她做家务活。盛饭端菜怕她烫着，刷锅洗碗嫌不干净，擦桌拖地担心她把身上弄脏了，有时即使孩子自己比较主动，爱人也很少让她做。爱人说，与其让她弄得乱七八糟，还不如自己动手省事些，甚至泡方便面都不敢让她自己接开水，害怕烫了她。我常常想，这也不让她做，那也不让她做，这也担心，那也担心，将来谁能做她一辈子的保姆？已经 10 岁的孩子，一些简单日常的家务完全可以学着做。

放暑假的时候，她一个人在家。有一天上班前，我问她："你今天能不能出去买点菜？"

她说："可以呀！不过你们得告诉我买什么、买多少？"

我告诉她："1 块钱的豆腐，1 块钱的青菜，再买一个萝卜、两条鲫鱼和一把芹菜。"

她拿了笔认真记了下来，接着问："不买点肉和鸡蛋吗？"我知道，她爱吃鸡蛋羹和红烧肉，心里正想着蛋和肉。

我告诉她，蛋和肉冰箱里都有，然后给了她 50 元钱，告诉她回来后再对账。

下班回来后，她给我开了门。我问她，菜买回来没有。她说都买回来了，然后拿出小本子一笔笔给我报。报完后，她神秘地对我说："爸爸，我今天做了鸡蛋羹。"

我有点不相信。她领着我来到厨房。

厨房里确实让我大开眼界，灶台上摆了四五个碗，有几个是不一样的鸡蛋羹，有一个里面还是刚搅开的生鸡蛋。

她笑着说："我在用电饭煲做试验呢。"然后一个一个给我介绍。"这个是第一次做的，没放盐。这是第二个做的，我放了盐，已经被我吃了一半，有点咸。这是第三个做的，我把菜叶剁碎了，搅在蛋里一起蒸的，我刚吃了一点。原来准备剁点肉搅进去蒸，可冰箱里的肉冻得太硬，我弄不开。我的试验怎么样？"

这就是她的试验，鸡蛋壳扔了一地，蛋清滴得到处都是，看她得意的神情，我不忍心打击她的积极性，就说："很好。"为了不让她觉得是在敷衍她，我用勺子在每个碗里挖了一点尝了尝，表扬她说：

"不错，再锻炼锻炼就可以给我们做饭了。不过做完之后，还要把战场打扫干净。"她看了看一片狼藉的灶台和地面，点点头。我接着说："那我们一起先把战场打扫一下吧。"说干就干，不大一会儿我们就把厨房收拾得干干净净。

我突然想，如果让她学着蒸米饭，我们中午下班后直接做菜就行了，这样我们也有了更多的午休时间，既锻炼了孩子，又节约了家长的时间，真是一举两得，于是就问她想不想学学蒸米饭。她高兴地连声说："好啊！好啊！"

我告诉她按我的指令行动。根据我的指令，她先取出电饭煲里的锅，然后用米袋里的塑料杯量了两小杯米，接点水淘了两次，然后放进锅里。做完这些动作，她问我："是不是水多就软些，水少就硬些，放水多了就是米粥了，对吗？"我点点头，告诉她水差不多要比米高1厘米，如果再多就软了。她接了水，观察了一下，感觉差不多了，就关掉水，然后就准备立刻把锅放进电饭煲里。

我赶紧阻止她，告诉她先不着急，要看看锅外面有没有水，如果有水就把水擦干净，否则容易渗到电路里，会将锅烧坏。她用干毛巾将锅外面的水擦干了，放进去，然后盖上锅盖。

我又告诉她，插电时应注意安全，必须先把手上的水擦干，防止触电，再把电源插头插到插座上。她很认真地按我说的一步一步做好。

我继续教她电饭煲控制面板的使用方法，最后特别强调，一定要按一下"开始"键，否则电饭煲不工作。

蒸上米饭后，她又提出想跟着我再学习一下炒鸡蛋。我就手把手地指导她炒了一盘鸡蛋。她看着自己的战果，乐呵呵地说："我一个人在家再也饿不着了，我可以蒸米饭、炒鸡蛋、蒸鸡蛋羹了。"脸上有一种说不出的小得意呢！

她妈妈一回家，她就自豪地大声宣布，今天的饭是她自己做的，甭提多开心呢。

后来，这整个暑假的米饭都是她蒸的。每当我们下班时，她就已经把米饭蒸好了，俨然一个小大人了。

这让我体会到，孩子能做的事情就教她做。这样既提高了孩子的生活能力，也为大人减轻了不少负担。别总担心她年纪小做不好，也别因为刚开始不熟练而嫌她添乱，如果不教孩子做事，孩子就什么都不会，更别说做好了。

11. 该解决的问题自己先来：教会孩子解决问题的方法

在学校，与老师同学之间的事情，尽量让孩子自己去沟通。否则，既容易让老师或其他家长产生误解，还剥夺了孩子锻炼自己的机会。当孩子与你商量或"告状"时，可与孩子一起分析分析，提出一些建议供孩子参考。特别是遇到一些问题时，尽量引导孩子自己去解决，家长千万不要动不动就找老师说事、找同学谈心。如果对方理解还好，不理解反而会让孩子在这个集体当中更难为情，甚至被冷落。只有当孩子实在解决不了时，如孩子与老师沟通几次仍未解决，家长再适当出面。一切尽量依靠孩子自己，这样才能锻炼孩子。

孩子中午一般都在学校吃饭，晚上回家后还经常将学校饭菜与家里的进行对比。有一天晚上她对她妈妈说："老师昨天给我分了一个坏苹果，今天又分了一个坏苹果。"

她妈妈对待孩子的生活可是很上心，很不高兴地说："怎么这样呢？别人也都是坏的吗？"孩子说："别人的都是好的。"

她妈妈说："明天我给老师打个电话，对他说一下，不能老是给孩子分烂苹果。"

我就问孩子："你告诉老师了吗？"

她摇摇头。

我又问："你为什么不说？"

她说："我不敢。"

她妈妈皱了皱眉头，说："我明天给老师打电话。"

我说："你别打电话，那么多孩子，老师可能是没顾上仔细看。"我又对孩子说："你也要学会自己处理遇到的问题，如果什么事都要等着大人来解决，你也长不大。处理事情需要锻炼，只有经过锻炼才能长大。如果不管什么事都是爸爸妈妈找老师，老师会不高兴的。你自己想想看，是自己与老师说好，还是爸爸妈妈与老师说好。"我还特别强调，在学校遇到问题首先应该报告老师，老师如果不给你解决，我们家长再找老师。

孩子想了想，说愿意自己先与老师说。

第二天晚上，她回家说老师表扬了她。原来中午开饭前，她自己分到了一个好苹果，恰巧又有一个同学分到了一个坏苹果。她就报告老师，说同学分到了一个坏苹果，问老师能不能给换一个。老师不仅给这位同学换了一个，还要求全班同学向她学习，不但关心同学，还知道遇到事情向老师反映，提出解决问题的办法。老师告诉大家，这也是锻炼自己的机会，千万不要错过哟。

老师的话也让我很受启发，孩子的事情尽量让她自己去解决，这样才能得到锻炼。如果我们什么都替她做了，相当于剥夺了她锻炼成长的机会。

12. 相信孩子一定行：信任是最好的鼓励

在我们的眼中，孩子就是孩子，总是弱小、幼稚、天真。一些家长什么事也不敢放手，总想着自己亲力亲为，以为这样才是爱孩子，但这样下去，孩子很难独立。这个责任不在孩子，而在家长。只有我们当家长的放手，他们才能感受到我们的信任，才能感受到责任，才能不断成长。

著名教育家陶行知说过一句名言："教育孩子的全部奥秘就在于：相信孩子。"家长越相信孩子，孩子往往越努力。不是我们从孩子身上看到了希望，才相信孩子；而是我们相信孩子，才能看到希望。不是孩子有了责任，我们才放手；而是我们放手，孩子才有了责任。不是孩子长大，我们才信任；而是我们信任，孩子才长大。曾经和孩子一起参加的一个活动，让我对此有了深刻的感受。

孩子高一放暑假时，学校举办了一期心智活动，为期一周，她报名参加了。活动结束的那天，学校邀请家长来参加，和孩子一起做一个家庭互动游戏，目的是检验父母与子女的默契程度。

游戏很简单：参加活动的家长都被蒙上眼睛，什么也看不见，只能由孩子牵着手带领着，按指导老师设定的线路前进，全程都不准说话。

习惯于用自己的眼睛观察世界，突然被黑巾蒙上眼睛，什么也看不到，人一下子会变得很茫然。孩子一只手挽着我，一只手挽着她妈妈，一步一步地离开原地。我心想，既然一切都交给孩子，那就什么都不想，配合她就好了。

　　刚离开教室时，走的都是平地，还感觉不到什么。出了教室，拐弯下楼梯。孩子停顿了一下，步伐放慢，让我们小心地走。当脚落下的时候，我感受到了这是楼梯，需要下楼。在她的挽扶下，凭着经验，我们沿着台阶一步一步地走下来。下了楼梯，又是一个平地，走了一段路，就不知到了什么地方。我边走边想，当年纪大了看不见的时候，是不是就这个样？如果孩子能这样耐心地挽着我，该是一种什么样的幸福！当时，我心里非常甜蜜。

　　走着走着，孩子突然拉着我们停下了，又松开了我的手，我也就没动。（后来才知道，前面有个障碍，必须一个人一个人过，她是先去把妈妈安排好，准备带着我先过障碍。）一会儿，她回来继续挽着我，走了几步停住，将我的手放到她的肩膀上，我感受到她弯下腰，拍了拍我的腿，提了提我的裤角，再用两只手抱着我的一条腿向上。我明白了她的意思，应该是让我抬起腿，我顺从地抬了起来。她把我的脚放到一个高一点的地方，我感觉是一把椅子或凳子，然后，她又拍拍我的另一只腿，提了提这条腿的裤角，把我的双手搭在她的肩上，扶着我站了上去。接着，她又引导我抬起一条腿从前面的一道栏杆上跨过去，然后再跨另一条腿。最后，她挽着我从椅子上下来，又回到平地上，引导我坐到了桌子上。在她的协助下，我又把两条腿放上去。然后她又扶着我转了个身，下了桌子。（后来才知道，这是在必须经过的桌子上，放了两把背靠背绑在一起的椅子，必须爬上桌子、翻过椅子才能通过，这个障碍可是卡住了很多家庭。）她接着又挽着我向前走了几步，把我安排到一个椅子上坐下，自己离开了。这时候，我明白了，她正在以同样的方法帮助她妈妈过来。

我在椅子上安安静静地坐了几分钟，孩子回来了，继续挽着我向前走。走了一段平路，又上了两层楼梯，又经过一段平地，孩子再次安排我们坐下。这时候，孩子告诉我们，可以把黑巾摘下了。取下黑巾一看，我们又回到了原来的教室，坐在原来的位置上。四周看了看，我们是第五个到达的家庭。后面的家庭也陆陆续续地到达了。

当所有家庭到达之后，指导老师请每个孩子说说自己的感受，孩子们积极踊跃地发言。她也站起来与大家分享自己的感受，她说："我的爸爸妈妈很相信我，也很配合，所以我们很顺利地完成任务。我非常感谢爸爸妈妈的信任。"大家鼓掌给她以鼓励。

指导老师点名一对双胞胎姐妹发言，说："你们两个人一组，带着爸爸妈妈，应该比其他人更快一些，但为什么反而是最后到达呢？能不能谈谈你们的感受。"首先站起来的不知道是姐姐还是妹妹，拿过话筒，一张口，话还没说出来，就已经泣不成声，过了好一会儿，才边擦眼泪边抽泣地说："爸爸妈妈就不相信我们，一点儿也不听我们的安排。"说完，更加伤心地大哭了起来。

这句话可能触动了在场的所有人，大家都沉默着，双胞胎的父母也神情凝重。孩子突然搂着我和爱人，深情地说："谢谢你们的信任！"

当时，我也很感动。信任孩子，她就会长大。

这件事不大，只是一个父母与孩子共同参与的游戏而已，但其中却蕴含着一个道理：信任才有力量。我们信任孩子，孩子就有了责任和担当，就会努力去做好。相信孩子，静待花开。

四、不妨当个好参谋

——把选择的权利交给孩子

开明的家长应是当好参谋与助理，能参的参，能助的助，把选择权交给孩子，这样才能培养孩子独立自主的人格和独立思考、独立做事的能力。

　　《传习录》是由王阳明的门人弟子对其语录和信件进行整理编撰而成。"传习"一词源自《论语》中的"传不习乎"一语。《传习录》第四卷记载了王阳明的一句话："学问也要点化，但不如自家解化者，自一了百当。不然，亦点化许多不得。"这就是说，学习需要外人指教，但最好通过自己独立思考来领悟，这样可以更好地学深悟透，否则，即使别人指教得好，也不能全部领悟。把这句话引申一下，就是让孩子自己来当家做主，老师和家长只是孩子的参谋。

　　爱子之心人皆有之，哪个父母不望子成龙、望女成凤，恨不能一切都能为孩子当家做主。可是孩子也都有自己的"小算盘"，打着自己的"小九九"。父母应当孩子的"高参"，多分析、多提建议，充分发扬民主，让孩子的事情在"众议堂"中进行，帮助孩子做出选择，而不是当孩子的"主帅"或司令官，搞"父母令，子女行"的"一言堂"，代替孩子决策。家长不是司令，孩子不是兵，为什么要孩子依令而行？家长不是警察，孩子也不是犯人，为什么要求孩子一言一行都要服从管理？开明的家长应是当好参谋与助理，能参的参，能助的助，把选择权交给孩子，这样才能培养孩子具有独立自主的人格和独立思考、独立做事的能力，孩子才会在实践中不断成长，家长也能早点放手，早点轻松。

　　孩子在不同阶段有不同的选择能力，不要担心孩子小。再小的孩子也有想法，不然就不会有嬉笑和哭闹。你是迎合他还是违背他？你是赞成他还是反对他？看一下你的脸色，或是听一句你的话语，他就会做出判断和选择。

　　有很多父母深得其中之道，非常尊重孩子，关于孩子的每件事，不论大小，总会与孩子商量，征求孩子的意见。如果有不同意见，也总耐心地与孩子商量，这样行不行，那样好不好，供孩子选择。孩子在开放的环境中成长，视野将会很开阔，思维很灵活，对事情总是看得很开，大都有自己的主见，可塑性很强，性格外向开朗活泼，做什么事情积极性都高，开拓性很强，得到的锻炼机会更多，成长得更快，更容易脱颖而出。这样的孩子也会更多地与父母交流，父母也更能掌握孩子的情况。

也有的父母不以为然，小孩子懂什么？！大人说什么就是什么。孩子有意见不敢说，或是说了没得到尊重，日子久了也就不说了。这样的孩子往往在压抑的环境中成长，视野被限定在父母的视野内，思想受到压制，缺乏自己的主见，做事缺乏主动性，别人说什么就是什么，让做什么就做什么，按部就班，保守谨慎，做事容易出现犹豫和彷徨，既不会惹事，也不会主事，就是个很听话的孩子，得到锻炼的机会相对少。这样的孩子一般也很少与老师父母交流，老师与父母也很难准确掌握孩子的情况。

也有的父母介于两者之间，高兴的时候是朋友能互相商量，不高兴的时候说什么就是什么，没有商量的余地，让孩子学会了看父母脸色行事，学会了投机与取巧，父母对孩子情况的掌握往往也是若明若暗、若隐若现，有时自己也说不清楚。

听话的未必都是好孩子，不听话的未必都是坏孩子。孩子就是孩子，自小就没有好坏之分，他具有很强的成长性和可塑性。孩子小的时候，很多事情可以由父母做主，但在将来也可能孩子会埋怨。因为有些事情并不是其所想、是其所愿，而是父母强加的、包办的，自己选择的权利被父母剥夺了。

孩子的未来应属于自己，父母只是孩子成长路上的向导，是孩子成长路上的守护者，孩子有权对自己的未来做出选择。作为父母应该尽早放权，让孩子早一天长大。从某种意义说，父母也是孩子的朋友，是孩子的参谋，是孩子成长路上的辅助。面对选择，父母应将利与弊分析清楚，一切尽量尊重孩子的意见，把选择的权利交给孩子，让孩子对自己的未来做主。

早一天放手，父母早一天解脱，只要孩子自己不后悔，父母就不会有遗憾。如果是父母替孩子做出选择，当孩子有了遗憾，父母就会无比后悔，而且会为此内疚。如果是孩子自己的选择，即使后来有了遗憾，只要父母曾经尽力，当父母的也就问心无愧，孩子也就不会埋怨父母。

为什么法律将父母规定为孩子的监护人？也就是说孩子是作为一个独立的主体存在的，父母只是孩子的守护者，而不是拥有者。在孩子未成年之前，父母有监护的责任，对孩子主要是教育引导、日常保障、安全守护和提供帮助等。父母围绕着孩子，跑在前面，你就是孩子的引路人；跟在后面，你就是孩子的追随者；陪伴在左右，你就是孩子的好伙伴。

为了孩子，父母可以付出一切，孩子就像是花草，父母可以用尽心血去浇灌，但不能代替他成长。未来的一切，他要独立担当。问题的是非辨别、事情的选择决策等，这是没有人能够替代的。所有人的建议、所有人的方法对于他来说，都只是参考，再亲近的人、再贴心的人都只是他的参谋。

孩子能干的让孩子干，孩子能办的让孩子办。只有当孩子遇到做不了的事、解决不了的问题，你再出手。逢山可以帮他开路，遇水可以帮他搭桥，为他多做些铺路、修路的事，唯独不可以代替他走路。否则容易惯坏了孩子，让他有了依赖性，父母就可能有做不完的事，将来也可能有听不完的埋怨、说不完的遗憾。因为路不是孩子自己选的，稍有不如意，一切的过与失都会归到父母的头上。所以父母应尽量当好孩子的参谋，而不是代替孩子当他生命中的"主帅"。可以为他提建议，为他指航向，但要把选择的权利留给孩子，把主事的权利交给孩子。这样孩子高兴、父母省心，一举两得、两全其美。

13. 遇到事情积极引导：让孩子自己权衡得失

当孩子遇到事情时，先不要急着做出表态，而要先听听孩子的意见。与孩子一起研究分析当前情况，自己的优势和劣势，这样做有哪些好处，有哪些弊端；那样做有哪些优势，有哪些不足。通过反复研究对比，引导孩子自己权衡得失，进而做出正确的选择，而不是直接告诉孩子该怎么做，或是自己代替孩子做。

孩子上小学高年级时参加区以上比赛，如果获得名次可以作为申请文艺特长生资格的依据，小升初评选推优的时候还可以加分，因此家长们对参赛拿奖都很重视。孩子五年级时报名参加了声乐比赛，可比赛日期快要到来时，孩子的声带发生了很明显的变化，我们敏感地意识到孩子进入了变声期。孩子变声期间高音上不去，有难度的歌曲唱不好。可没有难度的歌曲一般也拿不到高分，孩子着急了，问我怎么办？

她在四年级参加比赛时，唱的是儿童声乐十级歌曲《北京胡同》，拿了一等奖。这一年再唱这个歌曲时，碰到高音部分，孩子的脸憋得通红不说，声音还有点像小公鸡学打鸣。很美的一首歌曲，唱成这个样子肯定拿不到奖。如果不参加，孩子自己不甘心，如果参加拿不上名次，在学校又会感到很丢面子。

其实，如果由我们来简单决定，就会告诉孩子，为保护好自己的嗓子就别参加了，但这会让孩子产生遗憾。

我们与她一起进行了分析，形成了两种方案：一是考虑到正处在变声期，为保护好嗓子，可以向老师说明情况，直接放弃比赛；二是既然在学校已经报名，就坚持参加比赛，名次别看得太重要，毕竟四年级已经拿过一个一等奖了。

我们把选择的权利交给了孩子，让她自己做选择。我们特别表示，参加不参加，我们都支持。

孩子明确表态，还是想参加。

想参加就要做准备，一个更现实的问题摆在面前。一是拼一下，唱难度大的歌曲，唱好了，碰运气还能拿个奖；二是降低难度，如果表现到位，唱出真情实感，一样能感动评委。孩子选择了第二种意见，唱难度低的歌曲，最后选择了七级歌曲《月牙船》。

这首抒情歌曲孩子以前唱过，技术要求相对不是太高，她就在艺术上下功夫，尽量表达出歌曲的内涵意蕴。比赛的时候，因为难度低，没有什么负担，孩子唱得很轻松，也很自然。最后结果公布，拿了个二等奖。在这种情况下，原本以为拿个三等奖就不错了，所以虽然结果只是个二等奖，但孩子比上一年拿了个一等奖还高兴。

这件事让我们认识到，如果是家长帮孩子决定参赛，她即使勉强服从，但信心不足，积极性不高，拿不上名次还会埋怨家长让她出了丑。如果是她自己选择参赛，她就会精心准备，即使获不了奖，她也不会有什么遗憾，反而认为这是意料之中的事，也不会觉得丢了面子。

还有一个类似的例子。孩子初一时成绩很好，期末考试在全年级600多人中获得第7名，班里成绩第2名，还报名参加了"三好学生"的竞选，通过班级初选后又参加学校竞选，终于如愿以偿地当选了。初二时，全班同学都很努力，成绩都很好，40人有26个满足参选资格。而孩子的考试名次有所下滑，班级排第 6 名，全年级才进入前 30 名。她说这次同学们都表现比较好，自己感到这次当选"三好学生"有点悬，不太想参加，但又有点不想放弃。她自己犹豫不决，就把情况给我分析了一下，征求我的意见。

我问她："是不是感到竞选没有把握？"

她点点头说："我们班同学太优秀了，放在哪个班竞选可能都没问题。"

我又问她："是不是不想放弃？"

她又点点头。我知道，她从小学到中学，一直是校"三好"、区"三好"，小学毕业时还是北京市"三好"，如果不参选就会觉得失去什么珍贵的东西一样，心里一定不好受。

我就说："我建议你参选，因为'三好'不是你自己说了算，只有同学和老师认可了，才有可能当选。你成绩不算最好，但你其他方面的表现是很多同学无法比的。比如说，你是学校的文艺骨干，参加了学校话剧团在北京剧场的演出，代表学校参加了北京市集体舞比赛获第一名，担任过学校各种活动的主持人；你是学生会的干部，策划组织了多项活动；你是班里的文艺委员，你协助老师为班级做出了很多贡献，你还帮助了很多同学。你在锻炼中成长，大家看到了你的进步。"

听我说完，她就说："爸爸，听你这么一说，我也感到自己挺好的。"

我说："但是，最终是否报名参加，一切由你决定，我都会支持你的。"

过几天放学回家，她告诉我说："我今天报名参选，在班级获得第 2 名，竟然过了半数，下周参加学校竞选。"

为了参加学校竞选，她自己写演讲词，自己做 PPT。做 PPT 的时候，她马上想到了我这个"高参"。这时候我正在外地出差，她通过电子邮箱把演讲稿发给我，让我提意见。根据我的意见，她又作了修改。

我出差回来后，她又拿出演讲词和我商量。其实，她自己已经有了想法："我认为这样太严肃了，等每个人都演讲完了，同学们全都忘记了。能不能幽默一点，等投票时，大家还记得我。"

我笑了笑，这确实有点难度，但我还是称赞她想法很好。

我们俩就一起研究，对于我的建议，她觉得好就采纳，觉得有点脱离学生实际也会立即否定。等她最后满意时，我早已才思枯竭了。

竞选结束，她如愿当选，回家后自豪地对我说，她演讲时，同学们的欢笑最多。

这使我认识到，对一些把握不准且对结果难以预料的事，家长可以尽量分析利害得失，让孩子自己来权衡，让孩子自己来选择，无论是什么样的结果，孩子都会心甘情愿地接受。如果家长直接代替孩子选择，一旦达不到预期目标，孩子不仅会感到失落，有可能还会埋怨家长。特别是孩子自己选择的事自己就会用心，越用心就会做得越好、成长越快。

14. 碰到问题参与研究：着眼孩子成长表明家长观点

当孩子遇到问题时，先不要急着说出看法，先听听孩子的想法。通过孩子的想法，来掌握孩子的心理，结合孩子的成长需要，说出自己的看法，帮助孩子对问题进行分析，提高孩子认识问题的能力，并与孩子一起研究探讨，认清问题的实质，解决孩子的疑惑，来影响孩子对待问题的态度，引导孩子健康成长。

孩子小学三年级的时候，有一天放学一回家，见到我们就哭得一塌糊涂，仿佛受了天大的委屈。

我问她怎么回事，她断断续续地向我说出了事情的经过。

原来今天班里竞选中队长，她得票最高。可能这不是班主任老师想要的结果，全班又重选了一次，她得票还是全班最高。后来，老师当着全班同学的面问她："你的课外活动比较多，能不能将中队长让给别的同学？"她不好违背老师的意思，只好点点头。另一位同学当了中队长，她当了副中队长。她感到很委屈，很多同学也为她鸣不平，认为老师不公平。

听完她的叙述，我明白了。老师说是竞选，实际是指定，哪个家长听完都会不舒服。既然不尊重竞选结果，那还选什么？岂不是自欺欺人，谁听了都会生气。她妈妈一听完，火气蹭地就上来了："哪能这么搞？我找校领导反映去。"

找校领导又能怎样？将老师批评一顿，将结果改过来，那孩子将来在班上怎么办？你还能让校领导把班主任也换了？最后的结果毕竟是孩子同意的，尽管不是她自己的本意。

孩子也很委屈，她觉得自己参加社会活动是很多，但从来没有耽误学习，也从没误过什么事。参加中央电视台银河少年艺术团的训练和演出准备也大都是双休日和晚上，就连参加北京奥运会的演出练习也都是利用每天放学后的时间，基本上没有影响到在学校的学习和活动。班主任以参加社会活动多为由要她让位，孩子觉得这个理由很牵强。

她还说，老师这么做，引来了许多猜测，甚至还有的同学说，那个同学的家长说不定给老师送礼了。

看着孩子哭得像个小泪人，爱人也在一旁生闷气，我笑着岔开话题说："知道现在我们中国共产党提倡干部做什么吗？"

孩子不屑一顾地说："关我们孩子什么事？"

我说："怎么没有关系呀？可能老师没给你们说清楚。现在我们党提倡干部能上能下，你们学校也是在效仿呀。学生干部也要能上能下。你们班中队长最大，你一直占着这个位置，别人哪还有机会锻炼呀？"

我接着说："班主任只不过换了个委婉的说法，你是中央电视台银河少年艺术团的团员，演出和排练需要占用很多时间，她这样考虑，可能是想给你减负呢！"

孩子说："我并没有感到累，也没有耽误班级的活动。"

我又说："嗯，我知道你一直都很努力，从来没有耽误过班级的活动，可别的同学也需要多锻炼锻炼，咱们让出正职，正好也可以体验一下如何当好一个副手啊。"

她说："要说让，早跟我说，我就不参加竞选了。"

我说："没关系的，这不说明同学们还是信任你吗？你现在还是副中队长，老师可能还指望你帮助这个新任中队长呢。"

我问她想不想听听我的看法，她点点头。

我说："我首先替你高兴，因为你赢得了同学的信任，大家第一次投你，第二次还投你，说明在同学们心中，你当中队长最合适。第二我还是为你高兴，因为你长大了，你懂得了理解老师，尊重老师，给老师面子。第三，虽然中队长变成副中队长，说明老师还是信任你。如果你把这个副中队长也做得很称职，那就说明咱的能力更全面啦。"

说完了上述三点，我接着问她："如果我是你，你知道我会怎么做？"

她期待地看着我。

我说："第一种方法，既然决定让出这个中队长的职位，我就会坦然接受，向这位同学祝贺，显示我的大度。同时，我还会对大家说，我会继续努力，配合好中队长，做好副中队长的工作，不辜负大家的期望。"

孩子尴尬地笑了笑，说："想不通，思想觉悟没这么高，可能还做不到，那第二种方法呢？"

我说："如果我不想让，那我就会回避这个话题，会对老师说，你的这个建议或要求我说了不算，因为这个结果是大家选出来的，我希望你问问同学们，如果大家同意，我没意见。这是将矛盾转移了。"

爱人在一边插嘴说："孩子哪能像你那样想得那么多。"

我说："不是说能想多少，我这是在教她处理问题的办法。今天，每个同学回家都会说这个事情，家长都会给孩子不同的教育，也会采取不同的做法。"

我又问孩子："如果我是班主任老师，你猜我会怎么做？"

孩子瞪大眼睛看着我。

我说："我就会对同学们说，担任班干部主要是让大家学习怎么当领导，培养大家的组织领导能力。既然是学习，人人都有机会当，我会不断地调整班干部人选，让大家都试试。一句话，就全部化解了。对你来说，这也就不算什么，大家也认为人员变换是正常了。"

孩子也点点头，认可了我的说法。

我接着开导说："如果你把这当作一个小挫折，那就坦然面对，也当作锻炼自己、磨炼自己的一个机会。特别是将来你长大以后步入社会，会遇到很多不如意、不顺心的事，一是要学会如何面对，二是要学会如何处理。今天这件事，还算不上挫折呢，只是一种经历，能让你在未来成长得更好。"

孩子听完我的一席话，豁然开朗，心中的不满一扫而光。

当孩子遇到一些不顺心、不如意的事时，我们家长尽管同情孩子、心疼孩子，甚至与孩子一起感到委屈，但千万别跟着一起抱怨，这不但不会缓解孩子的情绪，反而会让孩子心情更加郁结，甚至对老师、对学校产生不满，产生逆反或抵触心理。这时候，我们家长要先让自己平静下来，想办法化解孩子心中的这股怨气，让孩子也平静下来，然后实施正确的引导，教孩子学会面对挫折，处理问题，让心胸更宽广、格局更开阔，能够承载更有厚度的人生。

15. 有了困难别急着帮：孩子解决不了时适当帮

当孩子遇到困难时，先不要急着帮助解决，先问问他遇到了什么困难、需要哪些帮助。是该帮还是不该帮，是这样帮还是那样帮，先不妨衡量一番。如果是孩子努力就可以解决的，就适当给予鼓励；如果是孩子解决不了的，再适当给予帮助，能少帮助尽量少帮助，把锻炼的机会留给孩子。

孩子初三了，在圣诞节的前一周，学校突然提出要为他们年级举办圣诞晚会，晚会交给他们班来策划和筹办。孩子是班里的文艺委员，自然冲在最前头。她发动全班想办法、出主意。

　　她回家神采飞扬地说着这件事，说这个要这样办，那个要那样办，显然同学们都很乐于参与，为学校的决策而欢呼，终于可以在紧张的学习时刻放松一下。但她也不停地抱怨，说学校原来不准备搞这个活动，现在时间这么紧，不能充分准备，而且没有经费支持。她还说，圣诞晚会，最起码要有圣诞老人吧，还要有圣诞礼物，这都需要资金。

　　我问："你们有什么困难吗？"我的询问，实际上也只是一种关心，或者说对他们活动的重视。

　　她说："困难是有，我们正在想办法克服。主要是资金问题。"

　　我问："学校不给你们准备啊？"

　　她说："没有，而且也没有班费，老师让我们自己想办法。有人建议发动大家捐款，我们没有同意。这些钱都是家长给的，又不是自己挣的，没有意义。"她又向我说，上次某个年级搞活动的经费是捡废品卖来的。

　　我建议她说："你们可以拉赞助啊！"我的本意是让每个家长出点钱。

　　可是孩子却说："我们想过，准备找麦当劳、肯德基店或者游乐园、超市，他们给我们赞助，我们给他们宣传，或者帮他们发放优惠券。"看来孩子的思路比我的开阔。

　　她又接着说："可是时间来不及了。有的同学提出，请他爸爸的公司赞助，也被我们拒绝了。这样也锻炼不了我们。"

　　我说："你们的想法很好，那你们怎么办呢？需要家长帮助吗？"

　　她说，他们已经想好了，不要家长和老师的帮助，他们自己想办法。他们决定明天在校园组织义卖，发动同学们将自己不需要的东西贡献出来，带到学校集中在一起，利用中午休息时间卖给需要的同学们。

我不仅赞扬他们的创意，而且明确表态，如果需要，我们可以提供适当帮助。孩子明确表示，不需要。其实，我说提供帮助也只是一种支持表态，她的一句不需要让我看到了孩子们的自信。

第二天一回家，她就高兴地告诉我，经费问题解决了。原来他们通过义卖，获得了八百多元钱，买4套主持人的圣诞服大概六百元，剩下二百多元买些糖果。

晚上，她要我帮忙一起写主持词。活动由4个人主持，都身穿圣诞老人服装，她问我怎么写？我一下子感到很为难，也没有什么好想法。

我思索了一下，说："就你一个女孩子，你可以说你是圣诞老人的天使，是圣诞老人派来给大家送礼物的，这肯定受欢迎。"她想了想说："这个创意很有意思。"别人是圣诞老人，你是圣诞老人的天使，别具一格，我也感到我的创意很有意思。

第二天早晨起来，她告诉我："爸爸，你的创意虽然很好，但只考虑到了我一个人，没有考虑到其他人，我决定放弃。但是，也给了我们启发，我们昨晚在网上进行了研究，我们4个主持人出场，决定以圣诞老人四兄弟的身份出场，这样就很有意思。"

我仔细一想，孩子说得很对，我只想到她一个人，没有想到别人，而孩子所设想的以圣诞老人四兄弟的身份来主持将更有意思。这说明孩子在长大，我的建议并不能代替他们的意见，他们有自己的主见，特别是他们的意见能在我的基础上更高一筹，这正是我们希望的，更是我们所期待的。

初三学习很紧张，一般家长都不喜欢孩子参加什么活动，感觉是在浪费时间。实际上对于紧张中的孩子来说，参加积极而有意义的活动也是一种放松，可以在轻松愉快的氛围中学习。孩子有困难，我们可以参与讨论，积极加以引导，可以启发孩子。4个主持人，我只是想到以自己的孩子为中心，而孩子想到的却是集体，显然境界比我高，处理方式比我好。这一点我还要向孩子学习。

五、学习要像玩一样

——让学习变得轻松有趣

玩与学，看似矛盾，实则一体，关键是如何将其统一起来，让玩耍也成为一个学习的过程，这样就会充满趣味。朱熹提出"读书之乐乐陶陶"，程颐也认同乐学的观点，强调"教人未见意趣，必不乐学"。

对于学习，有人认为必须是"书山有路勤为径，学海无涯苦作舟"，头悬梁锥刺股，辛苦劳累才是正道。

但是，也有很多古代圣贤提出了"乐学"的观点。秦汉时期，我国第一篇教育专著《学记》最早提出"乐学"的概念，"不兴其艺，不能乐学"，还提出学生乐学的原则和方法。汉代刘安在《淮南子》中明确指出乐学的重要意义："同师而超群者，必其乐之者也。"北宋儒学大家、著名教育家程颢则明确指出："学至于乐则成矣。"

与程颢同时代的思想家、教育家张载更进一步指出："学至于乐，则自不已，故进也。"学习达到快乐的地步，自己就不愿意停止，所以就会进步。

朱熹说"读书之乐乐陶陶"。程颐也认同乐学的观点，指出"教人未见意趣，必不乐学"。

我们经常可以看到，不管是学习或钻研某项业务知识，大量投入时间、精力固然重要，但有些人看似争分夺秒、废寝忘食、忙忙碌碌，但效果却不好，学无所成，业难精进；有些人却不见怎么忙、怎么辛苦，在嬉笑玩闹、轻松愉快、不知不觉中就悄悄把所学的知识消化了，把从事的业务弄精了。

精不在于时间，而在于效果。只要效果好，未必需要把所有时间都搭进去，把自己搞得又苦又累。嬉未必荒业，而在于控制，只要控制好，把业融入嬉乐中，在轻松愉快中把从事的业弄精，又何乐而不为呢？

虽然古人说："书山有路勤为径，学海无涯苦作舟。"可是书山之路未必只有一条，如果仅是绕着山腰跑，永远也达不到顶峰；学海无涯未必只有苦舟，乐舟同样可以遨游学海。何必把孩子搞得那么苦？那么累？那么"压力山大"？还是要换一种理念。

　　人在小时候，看着大一点的孩子入学，总是向往着自己某一天也能背着书包去上学。在人的意识里，学习未知的知识，探索未知的世界，是一件无比快乐有趣的事。可是长大后，总有一些人，不管是取得成就、取得成功，还是落后或失败，反而都在说学习艰苦、学习好累，好像学习是一件痛苦的事。

　　这是为什么呢？这与他们的心理活动有关。

　　因为有些取得成就或成功的人说学习苦、学习累，也许是在为自己抬高身价，让人知道自己付出的努力，是想得到别人的尊重和赞美，而学习真正的快乐却在独自享受。学习落后或失败的人说学习苦、学习累，或许是在为自己开脱，为自己减负，是想得到别人的理解和同情，给自己找一个体面的台阶，为自己的失败找一个借口罢了。

　　真正的学习是快乐有趣的，明代哲学家王艮专门写了一首《乐学歌》，就揭示了学习与快乐之间的关系："人心本自乐，自将私欲缚。私欲一萌时，良知还自觉。一觉便消除，人心依旧乐。乐是乐此学，学是学此乐。不乐不是学，不学不是乐。乐便然后学，学便然后乐。乐是学，学是乐。呜呼！天下之乐，何如此学？天下之学，何如此乐？"

　　觉得学习苦，觉得学习累，那是对于学习的快乐被强调和引导得不够，找不到学习的乐趣。

　　前南斯拉夫的足球教练米卢到中国执教，看到一脸忧愁的中国足球队，看到为足球而痛苦的中国球迷，首先就提出"快乐足球"的口号，强调踢球的快乐。

　　享誉世界的华人数学家陈省身，32 岁时在美国普林斯顿高级研究所完成了高斯－博内公式内蕴证明，被誉为数学史上划时代的成就，他也因此被国际数学界尊称为"微分几何之父"。陈省身把数学当作终身的兴趣，称学习像炒菜，搞研究的人好比是厨师，年轻人就好比是新厨师，新厨师炒出来的味道为什么不好？"你不一定要天天炒木须肉，也许今天炒个鸡蛋，明天炒个白菜，这个也做做，那个也做做，有时候忽然有个新主意，试一试也许就成功了。"

于丹教授带学生出去玩，很多人爬到了树上。景区管理员责问："怎么玩得这么疯？你们老师跑哪儿去了？"于丹很尴尬，她也在树上呢。在大学里，于丹最著名的头衔是"玩委会主任"。她曾带着中文系 20 名研究生去考察云冈石窟和五台山。进入台怀镇的时候，他们是一对一对跳着华尔兹转着圈进去的。她的授课地点就让人称奇：咖啡厅、酒吧……吃吃喝喝就把课上了。她把学习当作玩一样，吸引了越来越多的学生参加。

贪玩是孩子天性的释放，如果能在玩耍的快乐心情中不知不觉地把学习搞好，那将是令人极为开心的事。学习将不再是心灵上的一种负担，而会时不时带来快乐。不要压抑孩子寻找快乐的心，快乐会引导他在学习路上披荆斩棘，攻无不克。这时的学习就像是一种探险，如发现新大陆，如征服新天地；就像是"灵魂的壮游"，随时可发现名山大川、古迹名胜、深林幽谷、奇花异卉……如果学习能像玩一样，孩子就会带着喜悦的期盼开始学习，带着快乐的心情去学习，在学习结束时还会感到意犹未尽，恋恋不舍，整个学习过程都变得津津有味，充满乐趣。

在玩耍中学习，看似矛盾，实则一体，关键是如何将其统一起来，使玩耍也成为一个学习的过程，而且是充满刺激和乐趣的学习过程。把学习当作玩一样，孩子就会感受学习的乐趣，达到学习的效果。

16. 在嬉笑玩闹中学习：寓教于嬉两全其美

经常有些人问我和爱人，每天都见孩子跟你们在外面玩，很少见她在家学习，怎么学习还那么好？其实他们看到的是我们带着孩子玩，但没有看到我们怎么玩。

从学习的生理心理过程看，在学习新知识时，信息通过感觉通道进入大脑边缘系统——膝状体，对信息的意义和价值初步评价，进而进入大脑皮层加以深入判断。一旦判断为有意义的知识信息，就会使大脑产生一种活性物质，促使神经系统网络易于接通、信息易于被接受和储存。感到有意义，学得快乐，大脑被激活，就能轻松愉快地学，效率高。反之，若认为知识信息没有意义，就不愿学，因此学得苦、学得累，效果差。

业精于勤荒于嬉，但表面的勤未必有好效果，孩子在书桌前时间的长短决定不了学习成绩的好坏。嬉未必都是浪费时间，如果寓教于嬉，岂不是两全其美？学习不是参加仪式，非要搞得那么庄重严肃，只要能达到学习的效果，没有什么不可以。将学习内容融入玩耍之中，既有乐趣，又易于接受，事半功倍，其乐无穷。

由于孩子所上的小学离家很近，孩子每天下午四点放学后都自己回家。我们下班时，她自己就已经把老师布置的作业全部做完了。

每天饭后，我的主要任务是带着孩子玩。什么好玩，就玩什么；想玩什么，就玩什么。甚至不分时间，不分场地，不分形式，碰到什么就玩什么，有时候，不要什么工具，也玩得不亦乐乎。

玩得最多的是数学游戏，这个最方便，还锻炼思维，锻炼注意力，在家里，在路上，可以随时随地进行。一个个简单的数字，玩得妙趣横生。

孩子刚上小学时，一家三口一起数数，谁数错谁退出，数到 100 之后再倒着数，直到分出胜负为止。开始数得比较简单，先数奇数，再数偶数，数到某个数字和这个数字倍数就拍一下手。看似简单，其实锻炼的是注意力，一不注意就可能出错。加减乘除都是在路上用不同的方法练出来的，让孩子感觉比坐在那里正儿八经地学和练要有趣得多，轻松得多，也容易接受。随着年龄的增长，这种游戏难度也越来越大，内容也越来越丰富。谁错了轻松一笑，谁赢了哈哈一乐，把知识玩出来了，把思维练灵活了，注意力也集中多了。

英语也一样，走到哪学到哪，见到什么说什么，一个个单词从孩子嘴里说出来、背下来，既学习了新的单词，又强化了学过的单词。这比抱着书本背有趣生动多了。这样反反复复、不厌其烦，从课本学到课外，从家里学到户外，无形中强化了对英语的学习。孩子越玩越有趣，越学越深入，我们根本不需要逼着学，只要带着玩就够了。

语文也一样，从词语接龙到成语接龙，接回头就换一个，接不下去就从头来，无形中增加了孩子的词汇量。古诗背诵最有意思，你一句我一句，你前几个字，我后几个字，你给我讲解，我给你分析。有时也像行酒令一样，面对一个物体，背出描绘这个物体的多首诗，把古诗归类学了。或者见到某一个场景，用某一个成语或一句诗来表达。就这样，无形中巩固了孩子的古诗文知识，增强了分析理解能力，特别是在场景描绘的诗情画意中增强孩子对古诗文的鉴赏能力和语言表达能力，为后来的作文打下了良好的基础。

孩子喜欢听故事，我就给她讲。小时候讲《西游记》，长大了讲《三国演义》、讲《水浒传》，让孩子在故事中一点一点了解、熟悉、掌握了很多文学经典、历史知识。

我发现，嬉笑玩闹不仅能让孩子学习新知识，还能巩固所学内容，这些基础知识根本不需要再去花什么专门的时间去背、去复习。孩子有意无意地掌握了知识，感受到了学习的乐趣，强化了学习的欲望，养成了良好的学习习惯。这已然不再是单纯的玩，实际也是一种学，只是方法不同罢了。这更容易让孩子接受，更容易吸引孩子，让孩子自觉自愿地去参与，而不是强迫她学这学那，也就没有那么多的对立和矛盾。孩子爱玩，我们就多安排点时间，多用点心思，引导和陪伴孩子一起玩。

17. 在休闲娱乐中学习：融入知识事半功倍

孩子每天都要坐在教室里，面对着老师和课本，晚上还要完成老师布置的作业。难得有个双休日、节假日，家长带着孩子休闲娱乐一番，释放一下孩子的天性。这时候是孩子最放松的时刻，如果能把要掌握的知识有意识地贯穿其中，可以达到事半功倍的效果。孩子开心，父母顺心，两全其美，何乐不为？

孩子上小学二年级时，刚开始学习写作文，不知道从何下笔，更不知道写什么。我们就带她到商场，到公园，与她一起去现场感受，再引导她将感受表达出来。

一个双休日，我领她去了八一湖，也叫玉渊潭公园，美其名曰带她去逛公园。

在三环路边我们看到柳树发芽了，露出了片片新叶，树的颜色也变绿了。到了湖边却发现柳树还没发芽，还含着苞，看到的还是枯枝。我引导她看路边的柳树、再看看湖边的柳树，她立即发现了不同之处，这说明她还是有一定的观察能力。

我接着引导她思考，这两处柳树相距也就三五十米，为什么有如此大的不同呢？我们俩开始一点点地讨论。她说可能是路边的温度高，湖边的温度低。我说有这个可能，又引导她放开想，看看还有没有别的因素？这时候，她的思维也活跃起来了，说可能是三环路车多，排放的热量多，所以温度高；湖里的水凉，所以温度低。温度高感觉春天来得早，温度低就感觉冬天走得晚。车里排出的是二氧化碳，路边树离得近，吸得多，像人一样吃得饱，长得就快，湖边的树离得远，吸收得少，长得就慢。

见她分析得头头是道，我就说，你说得都有道理，也都很合理，如果把这些都记下来就是一篇不错的文章，既有观察，也有分析，但还缺少一点深度，我们一起再来挖一挖。然后我们又结合北京的雾霾天气，想到了植树造林、改善环境。

我引导她，如果整理下来，将树仔细描绘就有景，写推测分析就有理，写改善环境的方法就有情，如果再写上我们观察分析和研究改善环境的过程就有事，这样文章有景、有情、有事、有理，就必然是一篇好文章。她似懂非懂地点点头。我知道，这时候让她写，就不会感觉没有东西可写了。

在北边的山坡上，我们又发现一个现象。草地被游人从中踩出一条一条通向坡顶的小路，我想起了一个设计师的故事。这个设计师最初设计园区时，并没有设计路，而是铺上草坪后任人行走，最后在人们踩出的路上修出了路。我们看到的这些小道通向坡顶，说明游人想去那里，在草地上踩出清晰的小道，说明去的人多，既然这么多人需要，公园就应该修一条通向坡顶的路。在我的引导下，类似那位设计师的思路一点一点在孩子的大脑里冒了出来。最后，她竟然说，是不是该给管理公园的叔叔提个建议。我说，那你应该将你所想的写出来，交给他们。

在湖水南边的树林里，坡上坡下有一群人在唱歌，有伴奏，有领唱，有合唱，有的围在一起，有的拿着歌谱边看边唱。我带孩子听了一会儿，让她自己去观察去感受，然后一起交流。孩子观察得很认真，还进行了归类：从年龄上看，多是中老年人；从性别上看，有男有女；从形式上看，丰富多彩，有伴奏的，有领唱的，有化妆的，有站队形的，有的拿着歌谱随意站个地方，好像不熟悉，只是跟着唱；从内容上看，多是年代久远的红歌。我非常赞成她的归纳，表扬她观察得仔细、感受得深刻。

然后我又开始提问题，为什么中老年人比较多？她说可能退休了没事，这叫老有所乐；为什么有这么多人，她说可能是有人组织。我接着问，既然有人组织，为什么有的化妆，有的没化妆？有的站队形，有的随意站？有的很专业，有的很业余？她说不清楚。我就告诉她，化妆的、站队形的、唱得专业的，那是有组织的；没化妆的、随意站的、业余的，那就是跟着玩的，是自发的，或是看热闹的。

我接着问，为什么唱的都是老歌、红歌、经典歌曲？孩子说因为他们熟悉。我补充说，这只是一个方面，还有就是他们有怀旧心理，老歌让他们回忆起自己美好的青春年华，越唱越让他们精神焕发，仿佛再回到年轻时一样；红歌是对美好生活的赞美，是对党和祖国的热爱；经典歌曲，经久不衰，展现了歌曲的生命力。

在公园里，我们每到一个地方，就观察一个现象，就研究一个问题。回来后，孩子非常高兴，再不愁没有东西可写了，洋洋洒洒写了一组游记，内容丰富生动，受到了老师的特别表扬。

在这过程中，我主要是教孩子学会仔细观察，从平常中发现不平常的事物，让她进行描述，我再适当地进行补充，使她的认识逐步深化，看待问题更全面，不断寻找规律性的东西。如果孩子没有发现，而我自己发现了，我就会主动引导，把她拉进来，一起探讨，东西南北随便扯，开阔孩子的视野，打开孩子的思路。最后引导孩子进行思考，自由发挥想象，想到哪说到哪，然后与她一起归纳提炼，开阔眼界视野，提升思想境界，她的脑袋里装满了东西，就不愁没东西可写了。

18. 在趣味游戏中学习：搭顺风车一举多得

小孩子都喜欢游戏，因为游戏有趣。特别是在游戏中，他们是完全放松的，放松的人是自然的，而自然的东西则是最可爱的。小孩子是最具有活力和创造力的，因为他们把任何事情都当作游戏，能够从中找到乐趣，并由此流出灵感的泉水。

父母则要利用这种心理，在趣味游戏中增加学习内容，拓宽孩子的知识面。对于孩子玩的游戏，大人要尽量参与其中，既其乐融融，又可以进行引导。如果能将自己所想、所悟及时与孩子进行交流，就会让孩子既得其趣，又得其味，在不知不觉中培养了思维和判断能力。否则，只能得其"趣"，难得其"味"，更难得其"道"，很有可能是"趣"超过了"味"、淹没了"道"，真算是消磨时间了。

孩子小时候最爱玩的就是拼图游戏，无非是拼图案，拼动物。

有一天，我见她在拼地图，一块就是一个省或一个直辖市、一个自治区。后来只要随便拿一个图案，她就知道是哪个省、哪个直辖市、哪个自治区。我突然灵光一闪，想着借这幅地图，让她学习地理知识。为了补充自己的地理知识，我又捡起了地理书。每天给她讲一点，有时候为让她产生兴趣，还故意卖一个关子，留个小尾巴，等着第二天再继续讲。

我通常先告诉她行政区划，然后告诉她每一个省（自治区）的简称和省会（首府）。接着讲我国的地形、气候，再介绍高山、大海、江河湖泊，并在地图上一点一点标注出来。然后我们开始在图上一个地方接着一个地方"旅游"，了解各地的风景名胜、特产资源，最后又一个一个区域地总结归纳，将这个地方与那个地方对比。才上小学的孩子，竟然在一次家庭聚会中，自信地与上中学的哥哥比起了地理知识。等到初中开了地理课，她学得可谓轻松加愉快。

走迷宫是锻炼思维的游戏，孩子很着迷。自己一个人玩不过瘾，还常常拉着我们与她一起玩，甚至一起比着玩。走迷宫能够培养、提高孩子观察、思考等方面的能力，如果观察不仔细，或思考不全面、注意力不集中，就可能走不通。

上面说的这些游戏大都是图上作业，远没有电脑游戏那么形象直观。我一开始也担心孩子会沉溺电脑游戏，一直不让她接触，后来发现并不是不可控制的。

电脑游戏"连连看"是要将两个直接相连的卡通图案消掉，分为十关，层层递进，一关比一关难，可以锻炼孩子眼明手快的反应能力和逻辑判断能力。其实在带着孩子玩游戏的过程中，我发现随着难度增加，图案出现的轨迹和速度都在变化，游戏者不仅需要观察局部，还要考虑全局，只有胸有全局，观察全面，才能过关。如果能给孩子把事理讲清楚，把自己的体会与孩子交流，孩子就会有所收获。

如果自己没有深入其中，不明其道，只看到孩子在玩，总是觉得这是消磨时间，就会不明所以了。孩子如果没有大人的引导，也仅能只得其趣，不得其味，更不明其道。

悟明这个道理，孩子每玩一个游戏，我就学一个游戏。孩子见我这么热心，也乐于教我。时间一长，孩子玩什么游戏，我就会什么游戏，并能将游戏中的所悟与她分享交流，让孩子在快乐中明白事理，在游戏中学习新知。由于家长参与其中，孩子也不可能太过放纵沉迷。这既满足了她的求乐需要，又满足了她的求知欲望，还锻炼了她的思维能力，我自己还能对孩子玩游戏进行控制和引导，原来担心孩子沉溺游戏的疑虑也渐渐地打消了，后来不是怕她玩，而是怕她玩得不开心、不尽心。

孩子爱玩，大人也爱玩，大人领着孩子玩，既容易掌控玩的时间，也容易引导玩的内容。在玩的过程中还可以夹带一些"私货"，让孩子在玩中学习新知识，在玩中成长进步，这样既满足了孩子玩的需求，也让亲子关系变得更加融洽。

六、趁热赶紧打铁

——抓住教育孩子的机会

炉火正红是打铁的好时机，孩子热情被点燃时就是教育的好时机。抓住时机对孩子进行培养，与学校活动对接，与孩子的需求对接，与时代对接，往往能取得奇效，不仅让孩子印象深刻，甚至有些难题也会迎刃而解。

《国际歌》中唱道："快把那炉火烧得通红，趁热打铁才能成功。"

现代思想家、教育家侯外庐，也就是《资本论》最早的中文翻译者之一，他提倡学习"热处理法"，强调学习要趁热打铁。这可以引申到教育，教育孩子也应该趁热打铁，抓住教育孩子的各种机会。

"炉火"可能是学校"烧"的，安排的一个活动，布置的一项任务，或是一次表扬，也可能是一次挫折。或许是"明火"，或许是"暗火"，只要能对孩子起作用，都可以利用。

"炉火"可能是孩子自己"烧"的，其迫切地想去做某件事情时，家长就可以根据孩子的愿望和需求趁热打铁。

"炉火"可能是时代"烧"的，为了跟上时代的节拍，孩子有着与时代接轨的向往，那就要踩着时代的节拍前进。

炉火正红，正是打铁的好时机，家长可以抓住时机对孩子进行培养，与学校活动对接，与孩子的需求对接，与时代对接，往往能取得奇效，不仅让孩子印象深刻，甚至有些难题也会迎刃而解。

这也是我对孩子常用的方法，可能会给大家带来一点启发。

19. 跟着学校的步伐：主动贴上去积极引导

学校的活动一般是根据孩子的成长特点安排的，每到一个阶段，或一个时期，学校都会安排一定的活动。孩子一般都会积极参与，即使有一定的难度，也会想办法完成，有时也会寻求家长的帮助。家长不妨主动贴上去，配合学校的活动，让孩子在活动中学到知识，得到锻炼。

孩子上初中了，要过最后一个属于儿童的节日，学校要求家长给自己的孩子写一封信。根据孩子与我们的商议，我趁机写下了我们对她的期待和鼓励。下面就是当年我给孩子写的信：

非常高兴地看到，你又长大了，今天就要告别最后一个属于儿童的节日，你将不再是一个只知道撒娇、啥事都不需要管的儿童，而将步入人生的花季，最耀眼、最灿烂、最美好的未来就在你的眼前。你问怎么庆祝？爸爸妈妈说把这一天交给你。你说去游乐园疯狂地玩一回，我们没有拒绝；你说约几个朋友去湖上划船，我们也表示同意；你又说要做作业、要上课，我们又怎能不支持？这么多的想法，如果都能如愿，那是最好不过的事。可是，这只是短短的一天时间，你必须做出选择、做出取舍，真是鱼我所欲也，熊掌亦我所欲也，两者不可兼得，你会怎么做？

别指望我们会为你做出选择，我们只不过是你的参谋或顾问，再多再好的建议还是要你自己做出决定。你应该还记得，从幼儿园开始，我们就郑重地告诉你，自己的事情自己做。你在幼儿园的时候都是自己把外套脱下，自己叠好，放在柜子里。在央视的时候也是自己换好服装，甚至自己化妆。上学的时候，与同学之间的分歧，我们引导你自己化解；与老师之间的交流，鼓励你自己去沟通；需要他人的支持，要求你自己去争取。特别是小升初的时候，我们为你联系好了几所中学，最后还是让你自己来选择。这样慢慢地锻炼你，就是想告诉你，未来是属于你的，路是自己走的，没有人能够代替你。

这么多年来，跟许多孩子相比，你也算是在良好的环境里生活的，但那是爸爸妈妈为你创造的，不是真正属于你的。所以你不能安于现状，更不能想着永远在我们的这一点"绿荫"下生活，你应该看到，树荫外是广阔的天空，你必须努力超越。

你应该认识到，当你离开母亲的身体，成为独立的生命体，超越便已经开始。入学是对父母教育的超越，向学校汲取成长所需要的更丰富的营养；将来你还会超越我们这个家庭，组建自己的家庭；超越现在生活的这个地方，走向更灿烂的未来。可以说，只有超越才能成长，只有超越才能进步。

过去的日子将成为美好的回忆，会让你更加自信。回想一下，没有几个孩子，能在这么小的时候就有机会受到专业人员的悉心教导，在央视大型晚会的舞台上演出，在奥运会开幕式这个举世瞩目的场合展示自己的风采。这些都被你幸运地遇上了。当然这里有你先天的优势，也有你后天的努力。看到你阳光的笑脸，善良的心灵，优异的成绩，健康的成长……我们为你自豪，为你高兴，为你祝福。那一本本获奖证书，那一盒盒演出资料，不仅是你童年快乐的见证，更应该成为你未来人生道路上的自信和动力。

告别今天，你不仅要仰望星空，更要脚踏实地。梦在远方，需要一步一步地向前去。过去，你只知道开心，未来你应该感受到责任。要对自己负责，对社会负责，对未来负责。未来不再是童年纸上涂鸦的图画，而是需要面对的现实。再过十年，也就眨眼的时间，你或许将走上工作岗位，不仅要明白想做什么，还要为能做什么做好准备。

你优点很多，思想活跃，思维敏捷，但要警惕，想多了做不了，啃多了嚼不烂，要像打仗一样，虽然可以多路进攻，但要根据作战目标确定一个主攻方向，其他方向都是助攻。你聪明漂亮，自信大方，但要防止自负自满、眼高手低、不思进取，而要百尺竿头，更进一步。

你也不是完美无缺，比如有时任性，偶尔耍点小姐脾气，甚至无理取闹。要注意克制自己，保持一个良好的心态，对不顺心的事坦然面对；有时脆弱，受不得半点委屈，偶尔也有"泉水叮咚响"，要知道人需要同情，但更要学会坚强。

在今天，爸爸妈妈就想说一句话，祝愿最亲爱的你，认准方向，练好翅膀，飞向属于自己的天空，在人生的蓝天里自由地翱翔。

孩子成长中每一个重要的时间点，就像一个个里程碑，在这时候与孩子想说的话很多，说少了往往词不达意，说多了孩子可能也没时间和耐心听唠叨，为了把问题说透，就不妨给孩子写写信。有时候有些话不方便和孩子当面说，也可以给孩子写写信，把想说的写给孩子看，让孩子自己去体悟。我家孩子中考、高考、成人礼等，我都有许多话不吐不快，都给她写过信，有总结肯定，有希望祝愿，也有针对某一个问题的看法，对孩子既是引导，也是激励。

20. 迎着老师的安排：有针对性地解决问题

老师一般会根据学生的特长、优点安排一定的任务，孩子一般都会努力去完成，有时也会找同学帮助、向家长求助。这时候家长不妨迎着老师的安排，根据孩子的实际情况，或针对问题进行引导解决，或针对发展方向努力强化，借船出海，借梯上房，借势达到目的。

难免有时孩子会与我们生气，甚至赌气，不愿沟通，这常常让人束手无策，不知道该怎么做才好。

孩子五年级的时候，学习任务还不算重。我每天下班回家就没见她做过什么作业，每次问她都说是做完了。每次考试成绩都还不错，我也就不再有更多的要求。不知道怎么回事，她慢慢迷恋上了上网。只要作业做完，她就开始看电视或上网。

我们担心孩子沉溺于网络，对上网时间规定每天半小时，双休日可适当延长。刚开始时她只是看看动漫，还能控制住自己。后来，就被网络吸引住了，特别是玩一些网络游戏，简直上了瘾，有时候叫她吃饭都不愿下线。原先晚上9点就睡觉了，后来发展成到了晚上10点，屁股都不想动一下。我催她，她也不理，只顾在"网上冲浪"。气得我有时候直接将电源拔掉，她就与我赌气，与我进行对抗。发展到后来，我们每天都要为上网的事吵上几次。我实在找不出什么好办法，非常担心孩子这样下去怎么办。

有一天，可能因为心情好，她告诉我，今天在网上与一个陌生人聊天，那人说她的孩子都比她大。我马上联想到有很多孩子因为与陌生人上网聊天而受骗，心中一惊，表面仍平和地问她，有什么话不好与爸爸妈妈说，还要上网与别人交流？一提起这个话题，她非常警觉，马上避开不谈了。我也立即开始上网查找消除孩子网瘾的办法，找来找去也没有找到什么管用的办法。

一天放学回家，她提出要我帮个忙。原来她要参加少先队代表大会，辅导员要求参加会议的代表每人写一个提案，老师说，如果不知道怎么写，可以请家长帮忙。别说这么小的孩子，就是很多大人，都不知道提案怎么写。我突然心中一动，何不将计就计，结合提案的事对她的上网行为进行教育引导。于是我向她建议，现在的学生都喜欢上网，但由于年龄小，缺乏控制力和鉴别力，可以写一个"少先队组织要做队员的网络领路人"的提案。她一听，就知道我在暗示她平时上网时间过长，马上摇摇头，开始抵触，问能不能提些别的。我说："少先队员上网已经是一个普遍现象，这个关注孩子上网的提案说不定还能成为一个优秀提案呢，要是我，我就提这个，现在没有想到其他更好的。"

第二天晚上，她告诉我，今天辅导员问大家都准备了哪些提案，她就把我的建议说了。辅导员说，这个问题提得很好，很有针对性，要她就写这个提案。

她要我替她写。我就有意推脱，一是说工作太忙没有时间，二是鼓励她自己的事情应该自己做。她说不知道怎么写。我就启发她，先要调查研究，不调查不研究当然没东西可写。然后一点一点教她，先调查一下少先队员上网的现状，对队员沉溺网络的危害进行分析，然后进行深入研究，提出具体的建议。

她采纳了我的建议，制定了调查表发放给同学，非常认真地在同学中进行了调研。她还上网查找了一些典型的案例，对青少年沉溺于网络的危害进行归纳。回家后又请我与她一起进行认真分析，共同研究解决问题的办法。看到她认真的劲儿，我心里非常开心。与孩子一起研究，自己也感到很幸福。

在研究提案的这段时间里，她自己也开始有意识地约束自己，上网逐渐有了克制。我心里暗暗高兴。在这段时间里，我不断提醒她，"提案是你自己提的，你就必须带头做到"。虽然她不吱声，但我知道，这句话已经影响了她。

辅导员对她的这份提案比较满意，大会组织者也感到很有价值，评为优秀提案。开会前，老师通知她，请她在大会上宣读她的这份提案。她一回家，就高兴地告诉我们。我们听后，趁机提醒她，"提案是你提的，大家都知道了，很多眼睛都在看着你，所以你更要做好，不然别人就会笑话你、看不起你"。

这样，前后不到两个月的时间，我们终于把她从网络中拽了出来。渐渐地，她上网也形成了一个好习惯，主要是上网查查资料、打印老师布置的作业，偶尔也有选择性地玩玩游戏，但已经能够克制住自己，聊天也不像原来一样漫无目的，逐渐形成了自己的一个"网友圈"，都是老师、同学和一些好朋友组成，重点是讨论作业、交流体会、分享快乐。

看到她能够健康地上网，我悬着的一颗心放了下来。看到自己"阴谋得逞"，我偷偷地笑了。

这件事给我的启示是：解决孩子的问题，一是要"见机行事"，见到解决问题的机会，马上就要抓住，如果时机过去了，想再找一个好机会很不容易；二是要"抛砖引玉"，把问题一点点引出来，然后让孩子自己认识到问题的危害，自己找出解决问题的办法；三是要"断其退路"，把孩子带到一个期望的地域，使其只能向好的方向发展。

21. 顺着孩子的愿望：激发成长进步的动力

每一个孩子都有向上、向善、向好、向美的愿望，这是激发他们成长的动力，我们要尽量引导他走对、走好，走出一道美丽的风景。

孩子就怕写作文，一是费脑子，二是费时间，而且往往是花费大量时间、绞尽脑汁写出的文章，读起来还是平淡无味。

初中二年级的时候，国庆节放假，作为假期作业，老师给孩子布置了一篇作文，题目为"北京的秋天"，考察孩子的观察能力和表达能力。

　　孩子与我探讨，这篇文章该怎么写。我反问她该怎么写？

　　她说，从颜色讲，有的说秋天是金色的，是充满收获的季节，人的心情是喜悦的；也有的说秋天是灰色的，草枯叶落，一片凋零，充满颓伤之气。她还说北京一年四季没有什么，楼还是那幢楼，路还是那条路，天还是那个天，与别的城市不同的是人多、车多、气候差，商场、车站、机场、景点都像是大集会，你挤我，我挤你；马路上最大的特点就是像停车场，这条路也堵，那条路也堵，交通台"一路畅通"节目报的都是一路不通；气候比哪个城市都差，一年四季都有雾霾，且不断向周边扩散，市民整天盼着赶紧来风吹一吹，赶紧下雨洗一洗，真不知道北京秋天有什么好写的。

　　我说："你就不能用你的慧眼找一找北京的美？"她说："北京最美的就是香山红叶，杨朔已经写得那么好了，我怎么能超得过他？"

　　我一听就笑了，她也跟着我笑了。

　　她建议我们出去转转。我知道，寻找作文思路只是一个借口，她更多的是想出去玩。她最想去的是游乐园，可是游乐园只能是玩得开心，对写这篇作文帮助不大。我建议用两天时间玩遍北京，她立即答应了，只要别总坐在家里写作业，到哪儿去孩子都高兴。

　　为了近距离观察感受生活，我们没有开车，没有乘地铁，而是乘坐公共汽车。我首先带她去天安门，一路上让她为我讲述看到的景象。公共汽车行驶在长安街上，因为是国庆，沿街的商店都挂上了大红灯笼，或是国旗飞扬，或者红色标语庆祝国庆，就连过街天桥的桥梁上都拉了红横幅，路灯的柱子上也挂了红条幅，一片红火热闹的节日氛围。越接近天安门，这种氛围越浓厚。红墙、红楼、红旗、红花……再加上无数游人手中挥舞的小红旗，孩子眼里装满了一个红色的秋天。孩子似乎被感染了，兴奋地说，北京的秋天应该是红色的。我一听，知道触发了她的灵感，有意与她探讨有关红色的话题。

我们又钻进了附近的小胡同，一个一个的四合院门口或插了国旗，或挂上灯笼，似乎将小胡同点亮了。孩子拿着照相机高兴地拍着。

为了让她掌握更多的素材，我们还去爬了香山，看了香山的红叶。为了开阔孩子的视野，我们又驾车沿着北京五环路转了一圈。路边很多的花是红色的，或像一条红色的绸带缠绕着高架的桥梁，或像一朵红色的云落在草坪间。孩子认真地观察着、欣赏着、拍录着，像外地的游客一样好奇。

看的地方多了，积累的素材多了，我们俩就开始梳理。首先我们确定了"红"作为作文的主题主线，北京作为首都是红色的中心，天安门就是红色的焦点，国庆是秋天最红的时候。至于文章怎么构思，我们又进行了讨论，最好是以空间来划分，既可以从里面向外面写，也可以从外面往里面写。至于怎么落笔，那就不是我的事了，那必须由孩子自己来完成。

后来，她这篇作文受到了老师的表扬。我趁势再次对她进行启发，作文不是凭空想出来的，而是生活积累出来的，这种积累需要用眼睛看，要看得清、看得远、看得深、看得透，越清、越远、越深、越透，文章越有吸引力；需要用心来悟，要悟出感情、悟出思想、悟出境界，越有情、越有义、越有思想、越有境界，文章越有穿透力。

从此之后，孩子的作文似乎开始上路，基本上作文能够言之有物，并且有一定的思想深度，经常被老师当作范文，她自己也不再为作文犯愁了。

这件事给我的启示是：对于孩子合理的美好愿望，家长应该鼓励，并在力所能及的范围内想办法帮着实现。在实现的过程中，家长可以与其一起讨论，一起努力，把自己的想法和办法向孩子渗透，让孩子在不知不觉中接受，在不知不觉中成长。

22. 踩着成长的节奏：弹好每一个阶段的音符

孩子成长有一个节奏，只要踩好节奏就会像跳舞一样优美。从大的阶段来看，有入幼儿园、上小学、上中学；再细化一下，还有每一个年级，每年级还有上学期、下学期，每个学期还有期中、期末，期间还有入队、入团。这就像弹奏一个个音符，弹奏好了就是一首美妙的音乐，就能演奏出孩子成长时光的美好。

孩子 13 周岁了，过最后一个"六一"儿童节。为了使这个儿童节过得有意义，我们家进行了筹划和研究，将"走向未来，走向世界"作为这个节日的主题。

北京世界公园以五大洲 40 多个国家 109 处著名古迹名胜的微缩景点为主体，如埃及金字塔、法国埃菲尔铁塔、巴黎圣母院、美国白宫、国会大厦、林肯纪念堂、澳大利亚悉尼歌剧院等建筑，以及意大利式、日本式花园等，让中国人"不出国门"，便能"周游世界"。我们便将世界公园作为我们的游览地。

我们 8 点钟准时来到公园门口，由她自己买票带我们一起入园。步入公园大门，迎面看到的便是宽阔壮丽的意大利台地园，我们就从了解意大利这个国家开始，然后是见一个国家的景点，就了解一个国家的情况，有的从景点开始，有的从人物开始，每一次都像打开一扇窗户，拓展着孩子的视野。孩子从泰姬陵了解了印度，从仰光大金塔了解了缅甸，从吉萨金字塔、亚历山大灯塔、狮身人面像了解了埃及，游到公园中心凯旋门想到法国，进一步围绕埃菲尔铁塔、巴黎圣母院等更深地了解这个国家。世界公园的景点让孩子不仅大饱眼福，更让孩子认识到外面的世界，开了眼界。

看累了，我们就带着孩子来到"国际街"，一边休憩，一边品尝着各国的小吃，更进一步感受世界的奇妙。

一天下来，孩子真的感到自己周游了整个世界。孩子说："等我长大了，我一定去看看世界。"

这件事给我的启发是：孩子的成长有许多重要的阶段，每一阶段都是一个路标、一个里程碑，为了让每一阶段过得有意义、值得怀念，家长可以结合孩子的实际情况有针对性地设置一些主题，围绕主题设计一个仪式或活动。当然这些仪式并不需要多么的隆重，运动量也没必要多大，力所能及就好。每个城市都有很多有意义的场所，每个家庭都可以做出适当的安排，因地制宜，既让孩子感受到了重视，也能点燃孩子的热情。

23. 踏着时代的节拍：保持与时代同步

一代人有一代人的眼光，一代人有一代人的感受，一代人有一代人的追求，所以才会有隔代差。时代在发展，大人有时会落后于时代，在慢慢适应时代。孩子尽管想法不成熟，比较幼稚，但不可否认，他们往往比大人能更快地适应时代，与时代保持合拍，孩子年龄越大越能体现出来。

　　说实话，我是比较反感孩子疯狂追星的，尤其是报纸、电视等媒体所报道的一些孩子因为追星而失去理智的案例，更加加深了我的抵触。孩子小的时候，虽然也有过一些偶像，但还没上升到追的那一步，只能说是有一点好感。

　　高三的时候，她喜欢上了一个与她同龄的歌手，人长得靓，歌也唱得好，舞也跳得棒，电视上一有这个歌手的节目她就去看。有时候即使因为上学错过了，回家也要看回放。实在没时间，就用吃饭的时间看、洗脚的时间看，从而导致吃饭的时间越来越长，洗脚的时间越来越长。她跟我聊天的话题，也越来越多是这个歌手的事情，哪里有这个歌手的演唱会，又在组织什么活动之类的。

　　我要是说一点这个歌手的坏话，她就跟我急，极力维护他，不许我损坏他的形象，后来竟然与我商量，能不能去看这个歌手的现场演唱会？

　　高考前一个月，她又跟我们说，6月有几场这个歌手的演唱会，高考结束后她能不能去看一看？我想经历高考的苦战，在紧张的战役之后放松一下，也未尝不可，就答应了。她紧接着跟我商量，能不能找个朋友帮她弄一张演唱会门票。我说，演唱会门票这么贵，有谁买呀？她说根本买不着。我说开口求人家办个大事，还说得过去，为抢票这点小事去求人，你看值不值？她自己还比较理性，说，不值，那就上网抢吧。

　　她要上学，抢票自然是我和她妈妈的事了。抢票还真不容易，需求比我想象的疯狂多啦。我和爱人拿着两部手机、一台电脑，到点准时开抢。我们俩手忙脚乱，总算有一部手机抢到一张，但因为网速慢，在付费时卡机，又被别人抢走了。她在上课时也念念不忘，课间还打来电话，问抢到没有。妈妈讲述了一下抢票的过程，对没有成功抢到票感到很遗憾。孩子安慰我们说没事没事，再等机会。

6月8日高考一结束，我们接她回家，她在路上就告诉我们，这个歌手18号在天津开演唱会，今天晚上6点可以开始抢票。到点的时候，我们正在吃饭，她就盯着手机，仿佛冲锋的战士一样。真是老天不负有心人，竟然被她抢到一张1199元的票。对于我们大人来说，花一千多块看一场演出，总会认为不值得，也舍不得，但看她那开心得意、忘乎所以的模样，仿佛这就是她人生中最幸福的时刻。她还自豪地告诉我们，这个同学没抢上，那个同学没抢上，就她是个幸运儿。

从北京到天津，说远不远、说近不近，让她自己去，我们不放心，干脆全家总动员，开车陪她去看演出，就当全家去天津旅游。一天来回又嫌累，我们就决定提前一天去天津，先玩一天，熟悉一下演出场地周边环境，晚上住一宿，第二天再看演出，演出结束后，一起回家。

票只有一张，我和她妈妈提前把她送进剧场，本想自己逛逛，可是不一会，下起了大雨，我们就只好在车里待着，一直等到演出结束。我们夫妻俩在车里讨论，这么做到底值不值？最后得出一个共识，孩子经历了紧张的高考备战，身心俱疲，出来放松一下未尝不可，就当作鼓励和慰问吧，但这种事情不宜过多。

一从剧场出来，她就给我们说这，给我们说那，说场面如何火爆，人气怎么旺，歌唱得怎么好，伴奏做得怎么棒，舞台灯光又怎么炫丽，与我们分享这个，又分享那个，整个人都像发着光，灿烂地像朵花。

后来我们和她一起理性地讨论了这件事。特别是她高考后，有了更多的时间深入了解这个歌手。当她渐渐认识到，这个歌手这么年轻就不在校园好好学习，大学都没考上，只是到处演出挣钱，并不是一个阳光的歌手，也就不再关注了。

七、与孩子做个好朋友

——让孩子敞开心扉

父母对孩子的慈爱和关怀是一种天性，孩子对父母的信任和依恋出于本能。很多父母都感到孩子在一天天长大，自己却被一点点疏远，原本的"父子有亲"不及"朋友有信"，孩子反而与朋友越谈越投机。父母与孩子之间产生距离和隔阂，大多是父母让孩子感受不到"亲"。应努力放下架子，与孩子交朋友，既有"父子有亲"，又有"朋友有信"，孩子才会向父母敞开心扉。

人之五伦"父子有亲，君臣有义，夫妇有别，长幼有序，朋友有信"，孟子首推"父子有亲"。父子情谊不是某种规定，而是一种天然的亲情。孩子出生的时候，没有人规定父母要对孩子慈爱，为人父母者都能表现出无限爱心。孩子对父母也有着出于本能的信任，这种爱就是天性。

可是许多父母经常遇到这样的尴尬事，随着孩子一天天长大，他们有话不想与父母说，甚至不愿说掏心窝子的话。有时孩子只是敷衍，甚至有些谎言，让父母无可奈何。父母与孩子之间总感觉多了一层隔阂。

孩子为何会与父母产生隔阂？大多是父母没有把孩子当作朋友，而是高高在上，我说你听，我讲你做，很少给孩子平等交流的机会，让孩子难以感受到父母的诚心，导致彼此间的距离越来越远。有的父母感到很冤枉，为什么自己恨不得把心掏给孩子，还得不到孩子的理解？这已不是"父子有亲"，而是变成了"父子有隙"，甚至几乎成为陌生人。

为什么有的孩子不愿与父母说贴心话，而是愿意与朋友交流，这需要我们认真思考。朋友之间的交流，是平等的，没有上下之分；是真诚的，没有一点虚伪，既知音也知心。那我们对待自己的孩子时，是不是也应该用对待朋友的态度和感情去和孩子交流呢？只有将孩子真正当作朋友，用朋友的身份与孩子交流情感和看法，虚心征求和倾听孩子的意见，赏识孩子的优点和进步，从孩子的视角去看待他们眼中的世界，才能真正理解他们的行为，孩子才会愿意和我们一起探讨人生。有了这种平等融洽的关系，就容易与孩子沟通，也容易被孩子接纳。

把心掏给孩子，还不如把你的心敞开，与孩子像朋友一样平等真诚地交流，孩子有话才会对你说。否则大人有负担，小孩有压力，都像背着包袱走路，戴着镣铐跳舞。

24. 在孩子的立场想问题：让孩子感觉受到尊重

有些家长为了在孩子面前保持一种威严，经常以命令的方式对待孩子，好像自己就是首长，孩子就是自己的兵。当孩子不顺着父母的想法行事时，就会大发雷霆，不去考虑孩子的感受，强迫孩子必须按自己的意愿行事。这种方式容易造成孩子的逆反心理，继而形生隔阂高墙。

孩子也有自己的人格和尊严，是一个独立的个体。孩子的想法或许幼稚，或许听起来没有什么道理，但父母应当尊重孩子，耐心倾听孩子的想法。苏霍姆林斯基曾说："教育者只有关心人的尊严感，才能使被教育者通过学习而感受到教育。教育的核心就其本质而言，就是让被教育者始终体验到自己的尊严感。"当父母表现出对孩子的尊重时，孩子的自尊就会得到提升，教育也能很好地展开。如果你不尊重孩子，孩子就不会响应，你多大的努力都是白费，不会得到应有的回报。换句话说，尊重孩子，其实就在尊重自己。

尊重孩子，就要和孩子交朋友，就要多站在他们的立场想问题，体会在他们这种年龄状况下的心态，做到以心交流。

与孩子平视，是每个家长应该遵循的原则。家长要被孩子所接受，是不是也应该找准自己的位置，蹲下来，听孩子说话，了解他们的思想，知道他们想什么、做什么呢？有许多事情，用我们成人的眼光来看，怎么也理解不了，这就需要家长有变换角色的意识，用孩子的眼光来看他们的世界，才能看懂孩子。其实，"蹲下来"不只是身体上的一个简单动作，更重要的是我们要让自己的思想观念同样"蹲下来"，改变居高临下的姿态，成为与孩子相互尊重的同伴、相处融洽的朋友，让他们感受到家长在和自己一起玩乐、一起成长。只有用心感受孩子纯真的笑容，用心聆听他们稚嫩的声音，才能真正走进孩子的世界。

　　初二时的一个秋天，孩子放学一见到我，就兴致勃勃地讲述发生在学校的事。她说她今天把班里最调皮的一名男生收拾了一顿。孩子说的时候兴高采烈、眉飞色舞，好像完成了一件多么伟大的"壮举"。

　　事情是这样的，这名男生在班里向来最捣蛋，没人敢惹他。这天课间的时候，这名男生在走廊上模仿一个女生走路的样子，故意嘲笑她。这名女生平时很老实很腼腆，不怎么说话，被别人这么一取笑，急得说不出话，当场就哭了。俞露当即就出面训责那个恶作剧的男生。结果，这名男生很不服气，出手推了俞露一下。孩子抬腿就是一脚，可能是一时不备，这名男生一下子被踹倒，膝盖在墙上蹭破了皮。男生没想到俞露反击这么强烈，一时没反应过来，窘得满脸通红。俞露踹完后，看着一言不发、红着脸的男生，又是一顿训斥，并且说："欺负自己的同学，算什么本事。"

　　班里同学见她这一"壮举"，有人鼓掌叫好，有人喊："女汉子！"那名淘气的男生见大家都这么支持俞露，可能也意识到自己犯了错误，一声不吭，悄悄爬起来，回到了教室。

　　孩子仿佛做了件伸张正义、扶助弱小的大事，好像大侠一样豪情万丈。我问她："他没向老师告你的状？"

　　孩子说："他有错在先，怎么敢告老师？"

我又问："没有同学向老师报告？"

孩子说："我们班没人这么八卦。"

我接着问："你不怕他明天报复你？"

孩子说："他敢？要是他敢这么做，我报告老师去。"

我知道自己家的孩子，平时就觉得自己是大姐姐，尤其看不惯有人欺侮同学，她出面打抱不平，也是很正常的。但是，踹同学一脚，而且将别人的膝盖都弄伤了，明显是错误的。可如果直接批评孩子，孩子显然不能接受。因为她觉得自己做得没有什么不对，不然也不会这么有兴致地对我说这件事。显然她只看到别人的错误，并没有认识到自己的错误，我需要和她好好谈谈。

我先是顺着她的想法说："欺侮女同学算什么男子汉！"

她高兴地说："我们班同学都这么认为，都很支持我。"

我又问："那个男同学伤得怎么样？"

她说："不碍事。"

我又问："你怎么知道不碍事？"

她说："一个同学搀着他去校医务室，跟校医说摔了一下，校医说没事，擦了点酒精，放学时他自己已经能走了。"

我说："虽然伤不重，你就没关心关心他？"

她说："我关心他？我不再踹他一脚就不错了！"

我说："那你们不就成了仇人了？"

她说："仇就仇呗，谁怕谁？"

我笑了笑，这时候孩子可能还沉浸在自己的"壮举"之中，还没冷静下来。我有意问她："他错了，你错没错？"

孩子就问："我是打抱不平、伸张正义，能有什么错？"

我说："你可以用语言批评他呀，为什么要以暴制暴呢？"

孩子说："是他先动的手，我就还了一脚。"

我说："人家推你一下就是象征性的，可你一脚把人家伤了呀！"

孩子很聪明，马上就明白过来了，疑惑地问："按你的意思，我明天还要给他道歉？我错了？"

我笑着说："他先错，你后错，你们俩都有错。道歉不一定是认怂，相反，这不仅能表现出自己很大度，也能让这位同学认识到自己的问题，毕竟，如果不是因为他有错在先，你也不会对他态度过激，更不会出脚伤他啊。"

孩子想了想说："算了吧，踹都踹了，说什么都没用了。"

我说："这也是锻炼你处理事情的能力。人与人之间将来会遇到很多情况，可能比这还复杂，要从这些小事情开始学习处理，才能让自己成长起来。你要想想怎么才能让这个事情有个完美的结局。现在，这个男生可能还在郁闷着烦恼着，到现在还没想开呢！"

孩子说："爸，你说的也有道理。其实我也不该那么冲动，反应那么激烈。可如果明天上学在班里向他道歉，当着同学的面，旧事重提，他没面子，我也没面子。我给他发条短信怎么样？请他谅解，也让他顺顺气。"

我说："这个办法不错，我也是这个意思，人与人之间要相互包容。这是你们两个人之间的事，发个短信交流一下，其他人也不知道，大家都不会尴尬。"

说做就做，她拿起手机编辑了一条短信，递给我看。短信上写着："对不起，今天我有点不够冷静，有点冲动，诚恳地向你道歉，希望我们还是好同学。"我看了看，觉得不错，该表达的意思都表达到了，就将手机还给她。孩子按下发送键，将短信发了出去。

不一会儿，就收到了那名男生回复的短信："你做得很对，是我做得不对，你做得比我好，真正应该道歉的是我，我不该取笑同学，我向你学习。"

女儿将短信念给我听，然后说："老爸，我算服了你，你不但教育了我，也教育了他。"

后来期末，这名男生在俞露的评价手册中，说俞露批评帮助他，使他有了成长进步，特别表示感谢。他们还成了好朋友，一直保持着联系。

孩子在学校发生肢体冲突，多数家长首先会关心自家孩子吃没吃亏，很多时候觉得如果自家孩子没吃亏，老师或对方家长也没来沟通的话，事情就可以不了了之，不再过问了。其实，这时候最应该关注的是孩子当时应对的做法对不对，将来遇到类似的问题应该怎么办，让孩子从中学会处理冲突的有效方法。即使只是孩子间的你拉我扯、小磕小碰，也要仔细了解冲突的过程，耐心分析孩子的对错，教会其寻找更好的解决方式，引导其尽量不发生肢体冲突，避免产生不可预测的后果。如果只是孩子间的小矛盾小问题，要尽量鼓励孩子自己妥善解决，家长不要随意插手，避免改变问题的性质。

25．放下架子一起玩：进入孩子的世界

孩子为什么喜欢和孩子玩？因为在孩子眼里，大人总是大人，与他们的童心是不对接的。要想和孩子交朋友，最好的方法就是以"童心"对童心。只有这样，你才能进入孩子的世界，关注他们的关注，惊奇他们的惊奇，感受他们的感受，和孩子们共同快乐地成长。做家长没有必要高高在上，可以放下架子，与孩子平等地交流，像一

个小伙伴，一起玩，一起闹，孩子才会向你敞开心扉，说出自己的真实想法。如果得到孩子的信任，与孩子像朋友一样相处，形成民主的氛围，这样不仅是孩子的幸福，也是良好教育的开始。

随着网络游戏的风靡，许多父母都担心孩子沉溺其中，不敢让孩子上网。为防止孩子上网，有的甚至给家里的电脑设上密码，惹得孩子不开心；有的干脆家里不安装网线，结果就是逼得孩子去网吧上网。

有一天，我突然问孩子，你们为什么那么喜欢玩游戏？孩子说一方面是因为好玩，更多的是因为别人会玩，你却不知道，同学们看你就像看外星人一样，和大家在一起，没有什么共同语言，也没有人跟你玩。我一想，也对，大家都玩你不玩，大家都知道你不知道，又怎么可能入群？

孩子小的时候，我们就玩"捞物品"的电脑游戏。这是个最简单的游戏，主要考察一个人的判断能力，放钩子角度准不准，要不要买那些辅助的物品。为了增加金钱数，有时就玩双人版，我与爱人轮番上，与孩子愉快合作。有时玩单人版，同室竞技，输了就再换一人，一家人开心得无与伦比。

后来又开始玩生活体验类的网络游戏，有一款专门为儿童设计的"网上主题乐园"。在这个乐园里，每个小朋友都会化身成一个可爱的虚拟人物，从登录的那一刻开始，就去探索发现之旅，听城堡公主讲故事，跟猎人去探索新大陆，和发明家一起做环保家具，把自己的心里话说给姐姐和哥哥听。这也是一个属于儿童的虚拟社区，无论小伙伴在真实世界相隔多远，在乐园中，人们可以相互打招呼，去拜访对方的小屋，一起听音乐跳舞，一起玩游戏，还可以在里面扮演各种角色，从事各种职业，接受各种任务，乐园根据从事的职业和完成的任务发放经费。孩子仿佛在一个新的世界里生活，能得到各种满足。这类游戏主要针对儿童，一般情况下比较绿色环保，也很有意思，有时我们也与孩子一起玩。特别是孩子遇到困难时，也会主动找我们帮忙。比如，在游戏中设计了驾照"考试"，没有开车经验的孩子是很难通过的。孩子就请我帮忙，我也积极响应，指导她考取了驾照，孩子特别高兴。

在陪伴孩子成长的过程中，我们不仅一起在网上玩，也在生活中玩，想玩什么就玩什么。什么角色扮演、棋牌类游戏，以及悠悠球、滑板车、抖空竹、放风筝等等，常常玩得不亦乐乎。就这样，我们经常一起玩，一起闹，不仅融洽了关系，我也在玩玩闹闹中了解掌握孩子的真实情况，及时发现存在的问题和倾向，并有意识地进行引导和防范，确保孩子健康成长。

26. 话题不妨多一点：在互相交流中了解并影响孩子

和孩子朝夕相处，我们如果整天对孩子都是讲要听话、要学习之类的大话、套话，或是盯着孩子要干这个、不能做那个，别说是孩子，就是大人也早就烦了，如果是朋友也早就走了。孩子的做法，往往是你讲你的，他根本听不进去。父母讲得再多，也是白讲，甚至适得其反，让孩子厌烦。

为什么朋友之间话题很多？因为能做自己想做的，能说自己想说的，能玩自己想玩的，特别是亲密朋友，无话不说，无话不谈，小到生活琐事，大到国际大事，天南海北、古今中外，想聊什么聊什么，所以话题很广，内容很多。家长也要与孩子进行广泛交流，看到的新鲜事，学到的新知识，得到的新收获，最近的新发现，对问题的新看法，这些都可以和孩子说说，不仅可以帮助孩子增长知识、开阔视野，还能在轻松愉快的交流中摸透孩子的真实想法。

孩子到了高中之后，在古诗文方面不愿多下功夫。即使老师要求背诵，她也总是提不起精神，等着高考前临阵磨枪，说背早了到时候就忘了。但平时闲聊起来，她却是兴趣盎然。

那段时间老师强化他们记忆英语单词，我也跟着背，一方面巩固自己所学，另一方面也想再捡起来，将来出国时好用得着。孩子却建议我学日语，说日语汉字多、草书多，学起来应该很快。

一天，放学回家的路上，我俩开始聊起日本，聊着聊着就聊到了清酒。我突然想起了李白《行路难》中的"金樽清酒斗十千"，就问她是否知道日本的酒为什么叫清酒。

她说不知道，我提示她有一句唐诗可以解释。她就问哪一首，我告诉她李白的《行路难》，她就想起了"金樽清酒斗十千"。我们开始探讨猜测，唐朝是不是将白酒称作清酒，日本与唐朝交流最多，是不是一直沿用唐朝的说法。后来我又引导她，日本酒度数低，有点像中国的米酒，他们又称之为浊酒，宋朝好像也有一首词提到的。孩子这时候背出了"浊酒一杯家万里"的词句。

随后我们又开始聊起了课本中带有酒的诗词文赋，先说唐诗，杜甫的"朱门酒肉臭"，杜牧的"借问酒家何处有"，王维的"劝君更进一杯酒"，岑参"中军置酒饮归客"等，再说范仲淹的《岳阳楼记》登岳阳楼"心旷神怡，把酒临风，喜气洋洋者矣"。欧阳修《醉翁亭记》中"醉翁之意不在酒，在乎山水之间也。山水之乐，得之心而寓之酒也";"酿泉为酒，泉香而酒冽"。背诵苏东坡《水调歌头》中的"明月几时有，把酒问青天";《江城子·密州狩猎》中"酒酣胸胆尚开张。鬓微霜，又何妨"。从苏东坡豪放派谈到辛弃疾，谈到"醉里挑灯看剑，梦回吹角连营";"千古兴亡多少事，悠悠，不尽长江滚滚流"。再由豪放谈到婉约，她说没有读豪放派的词有气势，不喜欢。正因为不喜欢，老师要求背的李清照的《渔家傲》，她到现在还没会背。我就说其实李清照的词虽然婉约，也有豪气的一面，像"生当作人杰，死亦为鬼雄"。我边走边给她讲《渔家傲》，说这首词婉约中有豪放，上阕虽然写的婉约，但下阕的"九万里风鹏正举"，谁能说她不豪放。然后边背边讲，才走了百十米，孩子就已经会背了。这种边探讨边交流也是一种学习的方式，话题也很多，复习范围也很广，效率也很高。

我还经常在和孩子交流学习的过程中"套出"孩子的真心话，了解孩子的想法和真实情况。

上了中学后，孩子早恋是每个家长都担心的问题，因为这最容易分心，耽误学习。可是从初中开始，课文中就出现了大量有关爱情的古诗词。

有一天，我们忽然背起了《迢迢牵牛星》，看上去是写神话传说中的离恨，"河汉清且浅，相去复几许？盈盈一水间，脉脉不得语"，却是抒发了世间痴情男女的相思之苦。我们开始谈起了爱情诗，又谈起了课文中的李商隐伤离别的《无题》，"相见时难别亦难，东风无力百花残。春蚕到死丝方尽，蜡炬成灰泪始干"，谈起了李商隐的《夜雨寄北》，"君问归期未有期，巴山夜雨涨秋池。何当共剪西窗烛，却话巴山夜雨时"，说起了诗人盼望与妻子团聚；谈起了课文中《题红叶》的巧合奇缘和宫女对世间自由的向往，我们边聊边背，边背边赏，加深理解和记忆。随后我又背起了较长的《关雎》和《蒹葭》，聊起了古代君子如何追慕美女。

说着说着，就聊起了现实。孩子告诉我，他们班这个喜欢那个，那个喜欢这个，谁在追谁，谁在校园表白墙上向谁表白。我笑着说："原来你也这么八卦。"她笑笑说："我是八卦小分队队员。"我有意无意地问她："有没有人追你？"她想都没想就回答："有啊！不过我都不予理睬。"

女孩大了，家长最担心的就是早恋。孩子的话被我套了出来，我也放心了。从这里可以判断出，孩子目前至少还没有早恋迹象。如果有这种倾向和苗头，她就会犹豫一下，对我进行防范，神情和语气都会有变化，不可能顺口就答。聊到这个话题是我没想到的，从漫无边际的诗词回到了生活，没想到还有意外收获。

八、少给孩子定标准

——去掉教育孩子的枷锁

孩子的成长千差万别，而且是不断发展的，无法用技术标准来衡量。给孩子定标准，实际上就是仅凭自己想象，一厢情愿给自己定标准，给自己下套，就会产生压力。引导孩子自然健康地成长，孩子愉快，自己轻松。

老子在《道德经》中提出："道法自然"，就是说万事万物的运行都离不开自然规律。培养孩子也要遵循自然，拔苗助长、虚拟画像等一厢情愿的做法，都违背了自然规律。

给孩子定标准，实际上就是给自己定标准。给自己定标准，实际上就是给自己下套。

所谓标准，那是衡量事物的准则，或者本身合于准则，可供同类事物比较核对的。

如果是客观的，则完全在意识之外，不依赖主观意识而存在。孩子的成长是在发展的，而且是多样化的，不同的孩子在发展上又千差万别，不可能像技术发展和生产需要那样，从产品质量、品种规格等方面规定统一的技术标准。

如果是主观的，则属于自我意识设定的，可能不符合实际，只是凭自己的偏见，用自己的想象去给孩子定标准，这显然也是不科学的。

技术标准容易衡量，客观的多。艺术标准难以把握，主观的多。艺术家叫好的东西，有时观众却不买账。因为不同的人有不同的标准，一千个人眼中有一千个哈姆雷特。鲁迅先生曾说过，"一部《红楼梦》，经学家看见《易》，道学家看见淫，才子看见缠绵，革命家看见'排满'，流言家看见宫闱秘事"，这就是自我意识的表现。我们今天将《红楼梦》视为经典推荐，在清朝却将该书视为淫书被禁。

孩子既不能用客观标准来衡量，又不能用主观标准来审视，那么为什么还要制定标准呢？这既让标准禁锢了孩子，又让标准套牢了自己。最好的办法就是少给孩子定标准。

你一旦给孩子定了标准，就会始终有一种压力，稍微有点风吹草动，你就会风声鹤唳、草木皆兵。就如一个射手为乐趣而射击时，他的技术发挥很好；当他为铜牌射击时，他已经开始紧张了；如果他为金牌射击，他就变成了"瞎子"，或者看到两个靶子——因为他已经心神不定。

教育孩子，标准不是唯一，必须有一种安稳的心态。世界杯足球比赛可能给我们一点启示，每届世界杯足球赛都像电影节一样，几十部大片，在短短一个月里让全世界的球迷过足了瘾，而其中最具悬念的无疑是冠军的归属。专家、球迷，还有教练和球员，都不约而同地给传统强队和新兴势力"相起面"来，看看谁最有"冠军相"，而最终的结果往往出乎意料。但细细想来，某队夺冠却总在情理之中，与那些实力相近却遗憾落败的球队相比，那些笑到最后的球队似乎都有着平静自然的外表和更稳定的心理状态。夺冠的队首先是快乐的，这种快乐并不只是出现在夺冠之后，而是贯穿赛事的始终。在这样的队伍身上，真实地体现着"不管做什么事，一定要快乐，一定要享受过程"的"快乐足球"理念，他们不是不渴望着夺冠，他们只是不把夺冠当作唯一的追求。

在这方面，巴西队是一个很好的例子。我们知道，夺得韩日世界杯冠军的巴西队是一群快乐的足球艺术家，他们理解足球的深义，也理解事业的真谛，他们把踢球视为游戏，当作一种享受。在韩日世界杯的比赛中，他们快乐地来到了赛场，教练像慈父一样自信地笑着，球员们像孩子一般快乐地奔跑着，脚步是轻松的，也是坚实的，他们夺冠并不令人意外。

27. 好孩子没有硬标准：别在心中虚拟个孩子

好孩子的标准在不同人的眼里是不一样的，一般情况下，谁都说自己的孩子好。否定孩子等于是否定自己。只要你认为孩子好，孩子就好，一切都取决于你的心态，标准只在自己心里。听话、学习好就是好孩子的标准吗？我们家曾经对这个问题进行了一次讨论。

在孩子小学五年级的时候，我们家开展了一个关于好孩子标准的讨论。孩子说孩子的理，大人说大人的理。一句话，各有各的理。

孩子的妈妈抛出了第一个议题：好孩子都听话。

这好像没错，能得到许多人的认同。大人似乎都不喜欢不听话的孩子，反过来，不听话的孩子一般人都不喜欢。

孩子说，好孩子不一定都听话。爱迪生是她的偶像，他好像小时候就不听话，如果听话，就不会赶走老母鸡，自己孵小鸡；很多伟大人物，特别是在国家和民族处于危亡关头能够力挽狂澜的人物，小时候都很淘气，也不怎么听话。

我顺杆爬也来了一句：听话的也不一定是好孩子。也就是说要看听谁的话，还要看听什么话，是好话还是坏话，是正确的话还是不正确的话，如果听坏人的话和错误的话，显然是不对的。

孩子的思维就是活跃，她马上问：“大人说好孩子不能损坏东西，对不对？”

我说：“对。”

孩子接着问：“那司马光算不算好孩子？”

我说：“司马光当然算好孩子。”

我还没说完，孩子就抢着说：“司马光砸缸属于损坏东西，他要听话就不能砸缸。”孩子硬是给我设了个圈套，又把我拖了进去。

她妈妈说：“砸缸救人，急中生智，司马光不仅是好孩子，还是聪明的好孩子。”

"司马光要听大人的话，就不会去砸缸。他砸缸虽然很聪明，但没有听大人的话。可见，有时候好孩子也不一定听话。"孩子振振有词。

孩子这么说，家长不应该认为孩子强词夺理，这只能说明孩子已经有了独立思考、辨别是非的能力。

到底该不该听话？听不听得进去？孩子有自己的判断。我作了小结："这就说明了一个朴素的道理，一切要从实际出发，实事求是，自己要具备明辨是非的能力。'两利相权取其重，两害相权取其轻'，孩子比缸重要，为救孩子当然可以砸缸。只要不是大是大非的问题，很多事情都是相对的，既不能不听，也不能盲听。"

我又给她讲了一个格鲁希的故事。他绝对执行拿破仑的命令，奉命追击敌军，一直没有找到敌军的踪迹，却听到了滑铁卢的炮声，如果他立即赶去增援，很可能改写欧洲的历史。因为当时两军激战，正在相持阶段，谁能首先得到增援，谁就有可能获胜。格鲁希坚持要等待拿破仑的最新命令，坚决不同意出兵。而此时，敌军得到了增援，获得战争的胜利，滑铁卢则成了拿破仑的噩梦。

我们讨论的最终结论是：一、孩子应该多听听大人的话，毕竟孩子认识问题浅一些，大人认识问题深一些，看得远一些，但是孩子也不能做只听话的傀儡。二、不听话的孩子未必都是坏孩子，说明他们有自己的想法或主意，这个想法或主意未必就不对。三、一切都要根据当时的情况，具体问题具体对待。

她妈妈又抛出了第二个议题：好孩子学习好。

"不一定，也有好孩子学习不好。"孩子总有不同的观点。

我想也是啊，如果孩子接受能力差一点，或者考试发挥不好，而其他方面的发展都很好，你能说这是坏孩子吗？显然不能。考试只是检查学生对知识的掌握程度，如果内容简单一点、难度低一点，分数都会高。一两次考试不能完全考察出孩子的思维能力、品德素质、未来发展，更不能以考分高低来判断哪些是好孩子、哪些是坏孩子。很多天才当初考试分数很低，但其他方面表现得却相当优秀，后来对人类的贡献却非常巨大。

她妈妈问："你们选'三好学生'，不都是选学习好的吗？"

孩子说："我们选'三好学生'，考试分数高的不一定能选上。如果一个同学只有分数高，其他什么都不行，什么活动都不积极参加，为班级尽义务的事都不主动干，干一点还磨磨蹭蹭，那我们是不会选他的。"

我明白孩子的意思，她的意思是发展要全面。选"三好学生"也不能说明问题，他们班选过几次三学好生，全班 40 个人，每次都有 30 个左右够条件，但名额就只有几个，除了那几个选上的孩子，谁能说其他孩子不好呢？

我结合自己的思考说："好孩子都爱学习，而且是需要什么学习什么，不仅学课本上的，还学课本外的。因为他知道，人要生存就必须不断学习，想走路先要学会站，想吃饭先要学会拿餐具。爱学习是一种习惯，学习好是一种期望。习惯需要养成，期望需要努力。习惯有好有坏，好习惯需要保持，坏习惯需要克服。期望有高有低，只要尽力，就无遗憾。"

孩子想了一下，点点头："这个我赞同。"

我们讨论半天，最后得出共识：好孩子没有绝对的标准。父母也不应该用所谓的标准来"框"住孩子的成长和发展。

这种平等交流很有意义，可以统一对某个问题的认识，对孩子实施正确引导。一家人在一起畅所欲言，发表自己的观点，什么都可以说。即使家长说得过激一些，孩子也可以接受。即使孩子看法不成熟，家长也可以了解孩子对问题的认识，掌握孩子的心理状况，有利于下一步的教育引导。即使产生分歧，也可通过深入的探讨，一起进行化解，最后达成共识。这个过程实际上也是在对孩子进行教育。

28．压力都是自找的：别把压力传导给孩子

要孩子这样、要孩子那样，实际上是家长自己希望这样、希望那样。希望，有时只能看得见、做不到，就像天上的彩虹，看着漂亮，就是抓不住。为了达到这样、达到那样，给孩子压担子，实际上也是给自己添包袱，既容易让孩子产生压力，也让自己产生压力。一旦达不到希望的那样，心头就会压着一块石头，总不甘心，始终在压力下行动。这种感觉，我就深有体会。

为了能让孩子上个好点的中学，小学六年级下学期一开学，我爱人就开始东奔西跑地找门路。

爱人听人介绍，重点中学都有自己的补习班，名为补习，实为提前选拔学生。她就相信了，开始四处打听，专门找所谓的重点中学办的补习班，后来也拉着我跑了不少补习班，一家一家仔细地比较。

首先，这些补习班都宣称会自行组织考试，成绩好的可能会被重点中学提前录取。这一条就让很多家长心动。其次，补习班的学员特别多，每个班30～40人不等，少的有一二十个班，多的有三四十个班。再次，学费特别贵，是一般补习班的三到五倍，有的甚至更离谱。我简单算了一下，一个重点中学每年就算能招五百人，推优的名

额至少拿出来一二百，接收学校片区的孩子差不多也得二百人，最后还得拿出来一些名额留给派位的孩子，即使有所谓的由补习班组织考试提前录取的名额，也应该是寥寥无几。这样一算，心里就有数了。

一看报名的人很多，爱人担心报不上，急着准备报名交费。我把她拉到一边，说出了我的疑惑。一是几百上千人在这补习，最后被重点中学提前录取的能有多少人？二是收这么高的学费，这里的老师就这么好吗？如果我们把钱出了，可能就会感到这是对孩子尽力了，即使孩子没有考上理想的学校，也没有遗憾了。但是换个角度来说，钱花了，我们自己安心了，等于是把压力转嫁给了孩子。如果孩子考不上，对孩子是不是个打击？尤其在竞争这么激烈的情况下，绝大多数的孩子是考不上的。听我这么一说，爱人犹豫了，报还是不报。我说这样吧，回家与孩子商量后再说。

回家与孩子说明情况，孩子的第一反应就是不报。这在我预料之中，我也不想给孩子更多的压力。爱人还有点不高兴。

再后来，爱人今天听说这个孩子提前签约，明天听说那个孩子提前签约，心里急得不得了。她今天给这个打个电话，打听打听小升初动态，明天找那个聊聊，请人家传授经验。听到的各种消息千差万别，各种经验五花八门，她每天都忙忙碌碌，忧心忡忡。很多家长打趣说，俞露多才多艺，成绩又好，还是市级"三好学生"，非常优秀，你还在发愁，那我们怎么办？连我都不耐烦地对她说，你别这样好不好，弄得孩子都受影响。

3月份，爱人听说某个培训机构即将组织考试，据说是为某个重点学校代为选拔新生，只有在这里培训的孩子才知道这个消息，好像还很神秘。她一听说，就带着我去看。看了才知道，并不是只有在这家培训机构上课的孩子才能参加考试，只要交20元报名费，都可以参加。报名的家长排成长队，她等了 4 个小时，才给孩子报上名。考试那天，来的孩子也很多，考试是培训机构组织的，号称由重点学校的老师监考，显得很正规。我问孩子，考得怎样，孩子说试题很难。

孩子平时的学习成绩不差，区统考进入了前 200 名。在全区两万多名应届学生中，排名很靠前，只要发挥正常，考上重点中学应该是不成问题的。考完后，爱人去问培训机构什么时候能知道结果，机构答复说等学校通知。

过了很久，也没有等到学校通知，我们就想查一下分数，了解一下孩子考试的情况。培训机构说试卷都交给学校了，他们只负责组织考试。后来我们问了一些一同参加考试的孩子的家长，没有一个接到学校的后续通知。

我开始怀疑这就是一个骗局。首先，培训机构悄悄地打着某个重点中学的幌子组织考试，可能这个中学还不知道，家长一般也不会去问学校。这对于培训机构来说，是比较安全的，它正好用这个重点中学的名气，吸引众多考生来参加考试，主要目的就是赚取报名费。一个培训点上千名考生，报名费就是几万。甚至好多个点同时开考，或者一个点一个点考。有 10 个考点就是几十万，100 个考点就是几百万。这些费用美其名曰是考务费。其次，考试组织很正规，家长也不会怀疑。再次，将考试卷出难一点，最好都是奥数题，孩子有许多不会。孩子说没考好，家长想着没接到通知也很正常。最后，培训机构可能连考卷都不需要改，一切都推给学校。谁还会去找学校？这本来就是背着人进行的。所以说，参加这样的考试，对孩子没有一点好处，很可能还会打击孩子的自信心。自己被骗了，还不知道怎么回事。

这也不行，那也不行，爱人又打起特长生的主意。特长生一般都是提前招生，这是在政策允许范围内的。爱人把孩子所有的获奖证书，以及区级"三好学生"、市级"三好学生"的证书，都拿出来做了一份简历，到各个学校的收发室投送。孩子最擅长的是唱歌、朗诵和主持，这几个比较相近，孩子都在市、区比赛中拿过一、二等奖。可当4月招生计划出来时，并不招收这些专业的特长生。爱人又瞄上了舞蹈专业，孩子在幼儿园进行过舞蹈训练，并考上中央电视台银河少年艺术团，曾在那里进行过6年系统的专业训练。

考特长生除了基本功，还要考个人舞蹈，表演一个3分钟的作品。孩子虽然受过基本功训练，但以前所参加的舞蹈大多是集体舞蹈，而参加考试必须是个人作品。个人作品需要老师单独排练，还要找伴奏、租用服装等，训练完成一个作品怎么也要花费好几千元。以前都抱着娱乐的心态，孩子没有参加过比赛，自然也没有获过奖，与别人相比，无形中就有劣势。

但就是这样，爱人也没有放弃，专门托人私下请了一个舞蹈老师，一对一辅导，租用老师的伴奏、培训机构的场地，一小时花费好几百元。孩子不想去，她还不高兴。好不容易勉强说动了孩子，孩子的积极性也不高，练习时，动作都懒懒散散。参加考试前，她妈妈还专门联系了场地，让孩子做做准备活动，再把舞蹈动作练习一下，想得真是无比周到，可谓是全力备战。千算万算，没想到孩子在考前半小时热身活动时，把腿拉伤了，彻底没法参加考试了。孩子痛得直哭，爱人还气得一旁数落。

最后，孩子凭着市级"三好学生"以及学校综合评价手册上记载的成绩，靠自己长期以来的努力和过硬的条件，进了自己想去的学校，还被选到了实验班，孩子非常开心。

爱人回忆起这段经历，常常深有感触，压力都是自找的。初中本来就是义务教育，教育部门做了周到的安排，各个学校自主招生的空间很有限。社会上这个考试、那个考试，多是打着一些重点学校的幌子，家长跟着他们"起舞"，怎么能不累？至于社会上的传言，就太多了，这个也信、那个也信，把自己的思想都搞乱了，平添了很多的压力，实质上却都无济于事。

29. 甩掉包袱好上路：自己随心孩子反而自觉

凡事有个度，不能过了头，过犹不及就是这个道理。教育孩子，大人做你能做的，尽心尽力即可；做不到也去做，只会是勉为其难。有时候你随心、自然一些，孩子反而会自觉一些。有时候你越上心，孩子的心理负担往往越重。有时候不一定非要看那么远，看清楚方向就行，既不会让孩子眼花缭乱、不知所从，也不会使自己力不从心。甩掉包袱上路，不管是父母，还是孩子，都会感到轻松愉悦。

孩子一年级时，学习成绩很好，我们基本比较满意。她做作业很认真，也很少有错的，但考试时总是粗心大意，满分很少，爱人总觉得遗憾，没事还唠叨她。孩子也感到奇怪，其实这些题都会，而且错的都是常识题，是最简单的题，为什么自己就得不到满分呢？我倒不在意，只要不是孩子不会就行了。

爱人总是想着满分，没事就让孩子加班加点，甚至自己出题亲自训练。孩子开始还有兴趣，后来做着做着就烦了。爱人又开始用物质激励，在我看来，这好像是钓鱼，实质是诱惑，开始还有吸引力，后来孩子就变得丝毫不为所动。

在她的训练下，孩子考试不但没有拿到满分，而且似乎还有下降的趋势，连老师都打来电话，说孩子退步了，要与家长见面谈谈。

看来爱人的方法并不管用，于是我和爱人商量，再找找问题的根源，换种方法试试。

孩子做作业，我就坐在一边观察，发现问题及时提醒。她一边做，我一边看。她把做完的数学作业交给我，嘱咐我检查完签字。以前这检查签字的事，都是爱人干的，我很少过问。我接过了作业本，看到一道口算 12 加 17，她竟然写了 39。我问她："12 加 17 等于多少？"她头都没抬，就答 29。我又问到底是多少，她还说 29。我指了指她写的答案问："那你为啥写 39？"她没有回答我的问题，而是笑了笑，拿了橡皮擦掉，重新写了 29。

我似乎发现了她的问题，就对她说："你不是不会，而是不认真，或是粗心大意。"我问她："你检查了吗？"她说："没有。"我心里一顿，可能是每次都由她妈妈检查，她有了依赖，没有养成检查的习惯。我又问："考试做完题时你检查过吗？"她说："没有啊，做完了就交卷。"我接着问："时间不够吗？"她说："够啊。"

我似乎看到了问题的根源，把话题又转回作业上，问："你为啥将 29 写成 39 呢？"

她想了想说："可能是想别的问题，走神了，或者是粗心大意。"

我又问："那你知道为什么每次考不到满分吗？"

她摇摇头，表示不知道。

我说："我分析了一下，不知道对不对？我们一起来找原因。一是就像刚才做作业那样，不是不会，而是粗心大意、阴差阳错。"

她点点头，似乎认可。

我接着说："错了不要紧，关键是你没有检查。只要认真检查，还是可以发现问题的。我相信，只要你认真，一定会是高分，更有可能是满分。"

她对我说："爸爸我记住了。"

第二天，孩子回来高兴地对我说："爸爸，今天按你教的方法，我认真地检查了一遍，考了 100 分。"

我点点头，鼓励她："你只要认真，没问题的。"

爱人后来还主动给老师打电话询问孩子的成绩。通完电话，她兴奋地告诉我："老师说孩子成绩上来了，不用见面了。"

孩子在三年级还发生了一个故事。

期末考试前，爱人又开始抛出了她的诱惑，对孩子说："你要是能考 300 分，要什么奖励给什么。"

孩子说："我一定能考 300 分，妈妈可要兑现哦。"

爱人兴奋地说："没问题！"

300 分，意味着语文、数学、英语三门都是满分，非常困难。虽然如此，孩子的积极性却被奖励的诱惑调动起来了，甚至有点狂热。我相信孩子有拿 300 分的实力，但不一定能够实现，三门没有一点差错，还是有一定难度的。

我就开起了玩笑："你千万别考 300 分，你妈妈给不起奖励。比如说，你要的奖励是摘星星，她肯定摘不下来。如果你考 300 分，爸爸肯定不给奖励，但少考一两分，爸爸就有特别奖励送给你。爸爸特别强调，要想得到爸爸的奖励，千万别考 300 分。"

哪个家长不希望孩子拿满分？孩子不解地看着我，问："爸爸你不相信我？"

我说："我当然相信你。但你得给老师一点面子，老师自己做，也最多 300 分，那你不和老师一样了？甚至老师稍微有一点大意，还不一定拿满分呢！如果你全拿了满分，谁还能够教你啊？"

孩子还是好糊弄，似乎被我说迷糊了，先是点点头，像是认同我的道理，然后又摇摇头，对我说："不过，我还是希望考 300 分。"

考试结果出来了，孩子有点高兴又有点失落地对我说："没考到300 分，得了 299 分。"

299 分，我当然是很高兴的，就说："很好，妈妈没奖励，爸爸有。"

后来，根据她的要求，买了一套她喜欢的床上用品。

如果真是 300 分才有奖励，考了 299 分就没有奖励，孩子一定会很失落的。如果把标准定成 299 分，虽然只有 1 分之差，家长多多少少还是会有一些遗憾的。不过这点遗憾已经不算什么了，因为已经最接近目标了，只差那么一点点就完美了，孩子心里还是挺开心的。虽然没有达到完美，但孩子心情很好，热情已经被点燃，自信心更是被激发了，如果再点一把火，积极性就会更高。孩子很要强，好了还想更好。特别是一门功课考了 100 分，还想门门都考 100 分，这更是考验一个孩子的细心。反其道而行之，告诉孩子少一点有奖励，孩子反而会轻松上阵，给我们一个惊喜。

九、跟着孩子的天性走

——不要轻易干预孩子

在孩子的天性里，把事情想得很美好，对新鲜事物很好奇，对外来干预很敏感，这都是自由自在的自然表现。只不过有时候自制力差一些，认识浅一些，需要父母的指导和帮助。如果家长用自己的思维尺子度量孩子、干预孩子，就会受累不落好，自己烦心，孩子委屈，都不开心。理解孩子的思维，释放孩子的天性，做孩子的跟班，其乐融融。

　　明代著名思想家、教育家王阳明出生在一个书香世家，祖父辈是读书人，王阳明10岁时，其父是当朝的状元。古时候，许多书香门第都极为重视子孙的教育，严加约束，儿童几乎成了"学囚"。然而，王家教子与众不同，王阳明的祖父对其教育和管束却注重"任其天性"，让其顺其自然地发展。王阳明像许多聪明孩子一样顽皮，不太尊师教，常逃学，把精力花费在男孩子都喜欢的战争游戏和听神话故事上。他祖父也迁就他，让他尽兴地玩耍，并在玩耍时灌输一些军事知识，讲一些离奇怪诞、启发想象力的神话故事。这些课外智力的开发，使王阳明从小形成了活泼开朗、好问多思、独立思考的个性。

　　在王阳明入私塾就学时，先生因其父是状元，时常以"中状元"为目标鞭策王阳明用心向学。一天，王阳明问先生："何为人生第一等事？"先生说："唯读书登第尔！"王阳明不以为然，说："登第做状元恐怕不是第一等事，我看读书学圣贤才是啊！"先生大惊，认为小小年纪口出狂言，长大必是狂妄之徒，需要严加管教。于是，先生提醒王阳明的祖父和父亲，请他们不要太放纵对王阳明的性格培养。王阳明的祖父和父亲听了不但不生气，反而很高兴。待先生离去，他们把王阳明唤到内书房，教导说："你有圣贤的志向，但圣贤不是那么容易做的。要做圣贤，一要认真读圣贤书，明白圣贤的道理；二要身体力行，在诸事上磨炼自己。"王阳明记在心里，立定做圣贤的远大志向，刻苦读书，关心世事，敢以天下为己任，雄心勃勃，更加豪迈不羁。

　　王阳明15岁时，长城以北边关烽烟骤起，王阳明不顾父亲的劝阻，孤身一人冒险出游居庸三关，纵览山川形势，立报国献身之志。历练一月后回京，屡欲上书朝廷。这在一般家族是不可想象的，但其祖父和父亲却能容允，只是婉言说他"志大才疏"。

王阳明所受的独特家教，使他成为一个思想开明的人。成年后的王阳明摆脱程（程颢、程颐）朱（熹）理学的羁绊，创立了心学，成为一代大家。

人之初，性本善，每个孩子表现出的天性都是最本源、最自然、最纯真、最美好的。孩子的天性是孩子的灵魂，家长应该顺应和保护孩子的天性，顺其自然地发展。

在孩子的天性里，他们把事情想得都很美好，对新鲜事物都很好奇，对外来干预都很敏感，没有那么多假的、虚的、负面的东西，都是一种人性向善的表现。孩子的行为方式没那么多道道，没有大人想得那么复杂，都是一种自由自在的自然表现。

孩子有时候可能自制力差一些，表现得就顽皮一些；有时候可能认识浅一些，表现得就幼稚一些。父母可对孩子的行为活动进行指导和帮助，但要避免用自己的思维尺子度量孩子，用自己的眼光看待孩子，用自己的想法干预孩子。

许多家长都懂得这个道理，做起来却往往背道而驰，对孩子的行为进行干预，为孩子的未来做出选择。却不知，自己的劳心费神在不知不觉中影响了孩子愉悦的心情，限制了孩子选择的视野，剥夺了孩子锻炼的权利。千言万语归成一句话，受累不落好，有苦没法说。自己烦心，孩子委屈，没有一个高兴的。

做父母的要理解孩子的行为方式，孩子的天性需要鼓励，你就不断地鼓励他；孩子的天性需要赞美，你就不断地赞美他。随着孩子的天性走，沿着正确的方向，努力解掉压抑孩子的绳索，释放孩子的天性。

很多时候，你可以带着一颗童心，随着孩子的天性走，听他的方案，按他的设计行动，一般不要轻易干预或是改变。在他需要帮忙的时候，就提供一些建议，做他的下手，做他的跟班。这样既可以跟踪掌握孩子的真实情况，又可以自觉不自觉地影响孩子，其乐融融，幸福无比。

30．理解孩子的方式：童心与我们想的不一样

孩子有孩子的想法，对事物有着自己的理解，有时候我们要用一颗童心去看待，不能以大人的心理去猜测。站在孩子的角度，你常会有不一样的发现。

孩子在不断地认识世界、开阔视野，由于接触面还小，不像大人那么见多识广，因而对新鲜的都感到好奇。孩子好奇，他们必然对不懂的新事物产生怀疑，进而想去搞懂弄透，或没完没了地发问，或在实践中去探索。对新鲜的事物和现象，人都有着去了解探索的本能。牛顿对苹果会自己往地上掉感到好奇，从而发现了万有引力。小时候的瓦特对水蒸气会顶起水壶盖而感到好奇，长大后制造出第一台有实用价值的蒸汽机。法布尔从小对昆虫有浓厚兴趣，后来成了著名的昆虫学家。对于什么都好奇的孩子来说，在他们心灵深处充满了探索、求知的欲望，这宝贵的好奇心正是他们智慧的火花，更是促使他们学习求知的原动力。对孩子的好奇心，要因势利导，循循善诱。对一时还不能圆满解答的问题，要耐心给孩子解释或请教有关行家。切不可当头一棒，去挫伤孩子的好奇心和自尊心。

孩子由于对事物的好奇或喜欢，会不断产生兴趣。有兴趣就会有欲望，就会使人心驰神往、全神贯注，就会入迷着魔、如醉如痴，甚至废寝忘食、欲罢不能。兴趣能产生渴望，产生动力，产生注意

力，并在将来能转换成高度的事业心、责任心和使命感，能鼓励、促使孩子将来从事某种有意义的活动，甚至可能成就一生的事业。不要轻易阻碍孩子兴趣的发展，孩子对某一事物或现象产生兴趣是好事，对什么都没兴趣才是最可怕的。孩子对感兴趣的事情入迷，家长千万不要认为是在贪玩，孩子常觉得自己是在做一件有意义的事，并不是大人想象的那样不务正业。

人性本善，孩子的心灵充满阳光，往往都是一片灿烂，想法大都是美好的、正面的、积极的。孩子的想法很单纯，大都有一个美好的愿望，父母应尽量帮助实现这种美好的愿望，这样既能鼓励孩子，又能给孩子更多的自信。

每次教师节，做父母的都会想是不是应该给老师表示一下。有的是出于感激，感谢老师对孩子的关爱；有的是为了面子，过节怎么也得有一点表示，免得见面时有些尴尬；有的是心里勉强，万一别人都表示了，只有自己不行动，担心老师会有意见。

这个问题往往是孩子一上学就会遇到的问题，每学年开学一星期之后就是教师节。

孩子上幼儿园和小学时，每逢教师节，也与大家一样，带上几束鲜花去学校。每一束都很简单，一朵百合，外加几片绿叶陪衬，表达一下心意，也就二三十元钱，既很雅致，也不俗气。

孩子上初中后，面临着新学校新老师的第一个教师节，爱人问她要不要像小学一样，给老师带上几束鲜花。孩子说，老师说了，学校规定不允许家长给老师送礼物，鲜花也不行。

学校这么要求，是不是就应该这么做？有很多人说一套做一套，万一别的家长送了，你不送，那老师会不会有想法？这些都是普通家长的朴素想法。什么也不让送，也许老师就是这么一说，心里可不一定是这么想的，我们家长心里很是纠结。

可应该怎么办呢？我们还是决定与孩子商量，需要不需要给老师送礼物，送什么样的礼物。孩子说，老师说不准送，要送就送一些自己制作的小卡片。她妈妈对孩子说，这么说来，还是可以送的。孩子说，那就自己制作几张小卡片送给老师。她妈妈说，这是不是有点随意了，谁还在乎这些小卡片。可孩子坚持自己的意见，我和爱人也就表示赞成了。

达成了一致意见，我们马上行动起来，找来一些两面光光的硬白纸板，然后与孩子一起用尺子和小刀裁成各种形状的一张张卡片。孩子用彩笔在上面精心地设计、描绘，写上祝福的话语。教师节那天，孩子将自己亲手做的卡片送给了老师。

从学校回来后，孩子说，老师非常高兴，还夸奖她画得好，说一定好好珍藏。孩子还说，老师今天给他们每人发了一块巧克力。我问是老师买的吗？她说不是，是学生家长送给老师，老师上交学校，学校又将巧克力分到各个班，让学生品尝。

我心里想，幸好没有给老师准备类似的小礼物，老师将这些礼物交给学校，估计也是这些送礼物的家长没有想到的。

孩子还说："老师说我们要传递一种正能量，先从风气开始，我们班一切都是公正的，一切都要靠自己。"

这件事让我感受到，孩子的事情先听孩子的。孩子的想法都是美好的，如果加入任何一点杂念，那都是对孩子美好心灵的一种亵渎。帮助孩子把美好的愿望实现，能让孩子的心灵更纯洁。

31. 顺从孩子的安排: 孩子最了解自己

认可孩子的想法, 顺从孩子的安排, 既锻炼了孩子, 也让自己轻轻松松。

孩子的时间是属于孩子的, 就让孩子自由支配。既然是孩子的想法, 就让孩子来制订计划, 让他在自己的时间内, 做自己感兴趣的各种事情, 活在自己的思想里面。如果父母是按照自己的意愿给孩子制订计划, 可能计划的内容孩子不感兴趣, 也可能与孩子希望的时间不合, 孩子无法实行或根本不愿意实行, 难免产生矛盾。由于孩子最了解自己, 只有他清楚自己是否能做到, 让他来拟订计划安排可能更合理。父母可以根据孩子的计划合理调整, 或与孩子一起商量完善, 这样的计划就容易真正落实。

按照我们家的惯例, 从小学一年级开始, 期末考试一结束, 就要计划假期的安排, 主要是先听一下孩子的意见, 然后再进行计划。

报不报补习班? 孩子说了算。如果孩子说不报, 我们坚决不报。如果我们把钱掏了, 孩子不愿意去, 家长不满意, 孩子不高兴, 结果就是花钱买罪受。如果孩子愿意报, 我们非常乐意, 孩子想报什么报什么, 想学什么学什么, 不管报什么班, 多少都会对孩子的成长起到一点作用, 对综合素质的提高有益。如果她待在家里, 家里不可能天天有人看着, 孩子自控能力低, 不是上网就是看电视, 既什么没学到, 也损坏了眼睛。一般情况下, 孩子也愿意去。用孩子自己的话说, 一个人在家没意思, 那里可以找同学玩。既玩得开心, 又能学到知识, 何乐而不为?

报什么课程? 孩子说了算。既可以是课内的, 也可以是课外的,只要有兴趣都可以，就当是一个临时课堂。一般情况，相对弱的课程，孩子会主动要求；相对喜欢的课程，孩子会积极要求。可以报一些开学后要学的内容，就当是预习；也可以报一些兴趣班，提高综合素质，这些对孩子的成长都很有利。

报什么时间段？孩子说了算。有时候孩子不愿意起得太早，就报9点钟以后。有时候孩子想在双休日让父母带着一起玩，就只报周一到周五的。有时候商量好在某一段时间出去旅游，就与旅游的时间错开，避免发生冲突。冬天尽量报中午班，天气比较暖和。夏天尽量报早晚班，天气比较凉爽。所有时间以方便孩子活动为宜。

假期想去哪？孩子说了算。有时候想去看爷爷奶奶、姥姥姥爷，就回老家去。有时候想去某个地方，就提前做好计划。让孩子来计划时间，选择出行路线，选择旅游景点，需要购置的生活用品，都需要孩子自己考虑，并做出一份计划，提高孩子对事情的筹划安排能力。根据孩子的计划，一家人一起商量完善，形成一份相对完整的出游计划。

这些事情商量好之后，孩子在考试结束后到放假前的空闲期，制订一份假期计划安排表和作息时间表。哪天到哪天干什么，每天什么时间要做什么，都清清楚楚列出来，这样孩子知道了每天干什么，什么时候做什么，学习有计划，活动有安排，一切都井然有序，这样也在一点点锻炼中提高了孩子计划安排和做事的能力。

孩子的时间尽量让孩子来支配，让孩子来安排。一般情况下，孩子都会根据自己的兴趣和喜好来设计，自己也会很高兴、很主动地去做。如果全由家长安排，好像家长给孩子附加的任务，开心的事情还好，不开心的就会被当作一个负担，孩子直接或间接地抵触，导致的结果就是家长不高兴，孩子不开心。如果让孩子来安排，不但可以提高孩子做事的计划性、主动性，家长也可以轻轻松松地静待花开。

32. 做孩子的跟班：拉近与孩子的距离

孩子有自己的想法，有自己的计划，那么父母只要做好孩子的跟班就可以了。父母随着孩子的愿望走，不但拉近了与孩子的距离，而且让孩子感到被支持，孩子很开心；看着孩子开心，父母更欢心。往往这时候才是一家人最幸福的时刻。

跟着孩子一起玩，当个副手。以孩子为主，以大人为辅，想玩什么玩什么。当孩子遇到困难时，就上去搭把手，让孩子感受到温暖。当孩子遇到危险时，就立即伸出手，让孩子有一种安全感。跟着孩子一起玩，才能更好地监护孩子，在时间上可以进行控制，防止贪玩误事；还可以保证安全，防止发生意外。

跟着孩子一起学，做个助手。孩子学的内容，不管是课内的还是课外的，父母都尽可能学一点，以了解掌握孩子的学习情况。毕竟大人的接受能力比孩子强，经历的比孩子多，知识面比孩子宽，适当的时候能给孩子一些辅导。对孩子不理解、不明白的内容，父母解决不了也不要敷衍了事或横加指责，而要尊重孩子的求知欲，给予引导和鼓励。这时候不妨委婉地告诉孩子，如何去寻求答案，鼓励孩子博采众长，到书本中去寻求、查找。当孩子因为缺乏实验用品无法继续自己的研究，向你提出添置需求时，无论你是否感觉这些需求有些幼稚甚至荒谬，都要尽可能满足孩子。如果还用自己过去的一套老东西去应付孩子，那是不明智的。

与孩子一起做，打个下手。孩子做事时，父母一般情况下不要放任不管，不妨抽点时间，参与其中。有时候即使不会，也不妨谦虚一点，虚心向孩子请教。孩子也会感到被支持，愿意耐心地告诉你。有时候也不妨问问孩子需要什么帮助，主动上去打个下手。孩子会非常感激，做起来也非常有信心。当孩子获得成功时，不妨对其热情祝贺，孩子会产生一种成就感、满足感和幸福感。当孩子遭遇失败时，不妨进行鼓励，也可慢慢培养出一种不放弃、不罢休的进取精神。

做孩子的跟班不是仅仅用眼睛看着孩子，孩子走到哪里跟到哪里。做孩子的跟班，是孩子做到哪里，你跟着"做"到哪里。

孩子上小学三年级时，学校开设了科学课。老师给每个同学发了一个小盒子，里面有一片莴笋叶，上面有一个蚕卵。刚领回来的时候，孩子好不容易才在莴笋叶上找出那个像黑芝麻一样大的蚕卵。爱人不高兴，认为这又麻烦，又不卫生。我说："既然孩子有兴趣，又能培养观察力，咱们就该支持。"

孩子不知道怎么养，我们也没养过，仅有的一点点认识都只停留在书本知识或一些浅显的印象中。在孩子的要求下，我们一起上网查阅资料，了解蚕的习性和养蚕的方法。

蚕爱吃桑叶，北方的桑树发芽迟，家里就每两天吃一次莴笋，把叶子给蚕留下来。孩子每天上学前和放学后都要观察几眼。

一天我们外出，偶然在院外路边发现了一棵桑树，刚好发出嫩芽。孩子比看到自己爱吃的巧克力还高兴，伸出小手，掰下几叶嫩芽，回到家里，迫不及待将桑叶芽洗净擦干，放进盒子，将莴笋叶上已长成一小截线头样的蚕拨到了桑叶上。

孩子交给我一个特别的任务，每天为蚕采一点新鲜的桑叶。每天早晨，我早早起来，跑步到桑树前，采几片桑叶。路人看到我的举动，都感到好奇。晚上，等孩子做完作业，我又陪她一起去采。每天还有一个重要的任务，就是拍照录像。

我们每天养着、观察着、讨论着、总结着，有越来越多的新发现。随着成长发育，蚕吃桑叶的速度也越来越快，先是在桑叶上咬出一个一个针孔大小的洞，后来发展到小米粒大小，并有逐渐扩大之势，吃桑叶的需求量也越来越大。

时间不长，我们发现路边的那棵桑树没有叶子了，原来树枝被施工的工人们给砍了。孩子感叹蚕没桑叶吃了。我说没关系，莴笋叶也可以，实在不行，生菜叶也行，这些东西一年四季都有。孩子说蚕最爱吃的还是桑叶，能不能在附近再找找。孩子又给我下达了这个新的任务。

双休日的时候，我就在小区四周溜达，看看能不能有新的发现。还好，老天不负有心人，在一个不起眼的地方，我发现了一棵只有一米高的小桑树。如果不仔细找，还真不容易发现。我赶紧回去告诉孩子，蚕又有新的桑叶可以吃了，她高兴地一蹦半尺高，还让我带她立刻到现场，自己亲手采几片桑叶才罢休。

蚕要结茧了，我又帮着在小盒子里用铁丝搭了个小架子。蚕终于结出了一个黄色的茧。我们的养蚕任务也算圆满完成了。

孩子很自豪，班里的其他同学都把蚕养死了，只有她一个人养成功了，这也让同学们羡慕不已。

十、用身边的榜样激励孩子

——熟悉的榜样对孩子影响最大

"见贤思齐""近朱者赤"，榜样易于效仿。报刊、电台、电视台和网络宣传的榜样离孩子太远，身边的榜样却是孩子熟悉的，在距离上相近，能够见得着；在情感上亲切，能够信得过，更有说服力。

汉代学者许慎在《说文解字》一书中指出：教，上所施，下所效也；育，养子使作善也。我国古代教育家历来重视榜样教育，孔子常举尧、舜、禹、周公、子产等人作为榜样，教育弟子们"见贤思齐"，强调以身作则，认为"其身正，不令而行；其身不正，虽令不从"；诸葛亮要求晚辈"慕先贤"，朱熹教育弟子"学习圣贤"。榜样以其生动鲜明的形象，使人们从中受到感染和激励，让行为准则、道德规范易于理解、易于效仿，因而具有强烈的教育作用。孩子学习的一个重要方法就是模仿，以榜样这一真实的形象为参照，来完善自己。通过榜样的教育引导，可以引发孩子的认同，引起情感上的共鸣，调整孩子的认知，激发孩子的内在动力。

报刊、电台、电视台和网络宣传的榜样，往往离我们很远，而身边的榜样却离我们很近，都是孩子熟悉的，在情感上更亲切，更具可信性和说服力，更容易影响孩子。晋朝文学家、思想家傅玄指出："近朱者赤，近墨者黑"，靠近朱砂的地方变红，靠近墨的地方变黑，意思是说接近好人可以使人变好，接近坏人可以使人变坏。多年来，这句话一直提醒我们要重视环境对教育的影响。有很多人关注孩子的交友，其实孩子的朋友大多也是孩子，还处于成长阶段，实际上对孩子产生最大影响的还是身边的大人。我们可以积极安排孩子与身边熟悉的优秀人士接触，这样更直观、更亲近，更容易激励和影响孩子。

33. 学习身边勤业的榜样：用著名作曲家姜延辉的勤奋激励孩子

古人说，天道酬勤。心理学家发现，人的大脑是越学习越聪明，人的大脑通过学习，神经元的联接会增多，这种联接也会促进智力的开发与飞跃。人的努力与勤奋，会加强神经回路的联接，从而促进自我潜能的开发。对人类历史的研究结果表明，一些最普通的品格往往对一个人的发展起到很大的作用，其中最可贵是勤奋，即使天才也不能小觑其发挥的巨大作用。伟大人物的强项往往都是靠勤奋获得的，而不是靠上天恩赐的。对学生而言，勤奋可以获得更多的知识。对成人而言，勤奋具有更强大的执行力，能够获得更多的收获和机会。空想不可能给人带来成就，唯有勤奋可以成全一个人，所以必须让孩子勤奋，早行动早占先机，多行动多有回报。

著名作曲家姜延辉和我是多年的好朋友，我们合作的歌曲也不少，我写的歌都是先交给他，请他提意见，他中意的就会亲自作曲。我有一次带孩子去姜老师家中，请他辅导孩子唱歌，虽然有点小题大作、大材小用，但是姜老师很有耐心，很有办法，对孩子提高很大，孩子特别高兴。回来的路上，她对我说，姜老师家怎么有那么多的奖状、奖杯？

姜老师家的奖状、奖杯真多，柜子里、柜子上，到处都是，他自己都不清楚有多少。据他说，中宣部、文化部、广电部等单位颁发的全国性的奖项几乎拿遍了，各省、直辖市的差不多也都拿过，地市级的就没统计过。作词、作曲和演奏都拿过全国性的一等奖。我把自己知道的姜老师所创作的优秀作品都详细地给孩子做了介绍。

到家后，我对她说，要想详细了解姜老师，自己上网查查去。她很好奇，马上上网搜索。

查询结束，她跑过来与我交流，问我姜老师怎么会有那么多作品？姜老师的作品非常多，各种风格的都有，国内著名的歌唱家杨洪基、阎维文、郁钧剑、戴玉强、蔡国庆、韩磊、万山红、张也、韦唯、林萍、王丽达、雷佳等等，几乎都演唱过他的作品。庆祝建国七十周年的纪念活动中，在天安门广场上放的 8 首金曲里面，就有两首是他的作品，其中王霞演唱的《新中国》还获得过中宣部的"五个一工程"奖。

我说："主要是姜老师勤奋，每次去他家都会看到有几首新作品摆在桌上。"

她说："也不完全对，主要是姜老师有才华，能作词、能谱曲、能演唱，还能演奏，而且每一项都很成功，我要是能有他一项本事就好了。"

我说："他的才华都是在勤奋中得到的，你看他什么时候都在琢磨，经常琢磨就会理顺自己的思路，会有灵感发现，会有智慧的闪光，特别是他经常思考到很晚，与我联络时总是深夜，有时早晨我刚起床就收到他发在手机信息里的新想法。每天多做一点点，就会比别人多一些意想不到的收获。要想成功，勤奋是必不可少的。要想有真本事，需要勤奋训练。要想有事业，就必须勤奋工作。"

孩子笑着说："我明白了，一样的道理，如果要有好成绩，就要勤奋学习。"

我也笑着说："明白就好。"

孩子看到姜老师柜子里摆满的奖杯和证书，特别是案头厚厚的足有两尺高的歌谱底稿时，那脸上惊讶的表情、瞪大的眼睛、合不上的小嘴，都足以说明她的心灵受到了震撼。从姜老师身上，孩子懂得了素质靠勤奋提高，成果靠勤奋收获，人有多勤奋，就会有多大收获。

34．学习身边精业的榜样：用著名歌唱家阎维文精益求精的演唱态度引导孩子

做每件事尽量追求完美，尽管完美不容易出现，但是追求完美的过程及行动会让你收获不菲。考试追求 100 分，如果只考到 99 分，甚至 95 分，心中还是很开心，尽管没有达到这个目标，至少接近这个目标。如果目标就是 60 分万岁，分数不可能高到哪去，甚至不可能达到 60 分。一件事，如果随便做做，目标总是差不多，那是不可能达到圆满的。未来是一个精细化的时代，身在职场，就要把任何事情都做得精益求精，尽量完美，成功的机会才会更多，不然被淘汰的可能就更大。这就要教孩子从小明白，做什么事情都要努力做好、做到位，精益求精，才可能脱颖而出。学习要努力钻研，才可能把知识消化得彻底。考试要认认真真，竭尽所能，才可能向 100 分冲刺。

有一天，姜延辉老师告诉我，第二天下午阎维文老师将去录音棚，要录唱我作词的《中国航母之歌》。阎维文是我特别喜欢的著名歌唱家，唱得好歌也太多了，随便说几首都是经典。孩子爱追星，对阎维文老师也很崇拜，要求和我们一起去。

我们刚到一会儿，阎维文老师就到了。孩子很激动，主动与阎维文老师打招呼。阎维文老师与我们简单聊了几句，就去了录音间。我和孩子坐在录音师的后面，从监控的屏幕上可以看到他在录音间的一举一动。让我没想到的是，阎维文老师进去后并没有立刻开始唱，而是先练声，练了一会，他又从口袋里拿出歌谱。看来他是一直带在身边的，之前已经做了准备。他先开始小声哼了哼，然后又开口唱了几句，调整好自己的状态后，才对监制室的姜延辉老师说可以开始录

音了。

他试唱了几句，可能感觉不理想，就停了下来，对录音师说："重来。"

他开始重唱，这一遍相对比较顺利。演唱结束，他对录音师说："放一遍听听。"

录音师按他的要求放了一遍，他听后直接说再来一遍，自己还是不满意。

音乐响起，阎维文老师又唱了一遍。歌唱结束后，他又让录音师放了一遍。

他对其中不满意的几句又重新录，只要哪个地方有一个音唱得不到位，有一个字唱得不够清晰，他都要重新唱，还不时地与姜老师商量。

最后，他从头到尾听了一遍，直到完全满意，才走出录音间。阎维文老师离开之前，又与孩子聊了会，鼓励孩子好好学习，并合影留念。

在回来的路上，我们俩除了交流阎维文老师演唱的歌曲，更多的是交流他唱歌的态度。他一遍不满意，再来第二遍，哪句不满意，哪个音不满意，哪个字不满意，都会重新唱，精益求精，努力追求完美。最后，我与孩子一致认为，阎维文老师为什么会成功，就是因为他有追求完美的态度。孩子自己也深有感触地说，考试追求极致是考到满分，做事追求极致就是完美，什么事只要努力做到极致，都会成功。

为了看阎维文老师录音，孩子整整在录音棚里待了3个多小时。我想，只要孩子能明白"精益求精"这个道理，今天就算没白来。

35．学习身边敬业的榜样：用《战狼》制片人吕建民的成功启迪孩子

曾国藩说：做这事，望那山，一事无成。敬业就是凡做一件事，就专注于一件事，将全部精力集中到这一件事上，心无旁骛，专心致志。利用身边敬业的榜样，可以引导孩子专心学习，专心做事。

电影《战狼1》《战狼2》获得了巨大的成功，票房达到了百亿，这在中国电影史上是空前的。看完电影之后，我问孩子："你知道电影的制片人是谁吗？"

她问："是谁呀？"

我说："还记得当年邀请你拍电影的吕建民叔叔吗？"

她说："还记得，他现在这么牛吗？以前没看出来他有什么特别的呀。"

我说："你可以上网查一查啊。"

她在网络上浏览查询了一会儿后，对我说："吕叔叔以前就是一个文艺青年，没有考上理想的大学，不过对文学梦倒挺执着的，工作之余还坚持给杂志投稿。后来，为追求文艺梦，他大胆辞掉工作，独自漂泊了好几年。"

我说："别看他好像是东一榔头西一棒槌地闯，但文艺情怀深深嵌在骨子里，冲不走、磨不掉。最终，吕叔叔还是在朋友的邀约之下开始了北漂生活，他的电影生涯也从此真正起步。"

孩子说："我认识他的时候，他就在拍电影，似乎不是很出名。"

我说："虽然那时并不出名，但他很有眼光，出版发行了多部小成本文艺电影，结识了一批年轻有能力的导演，这些人逐渐成长为第

六代导演的中坚力量，也为他后来的成功打下了基础。"

我给孩子介绍了吕建民拍摄《索马里真相》的经历，这是吕建民亲口对我说的。

那是 2009 年 7 月 13 日晚上，刚从索马里回国的他拿着索马里国旗，兴奋地讲述着在索马里的经历。中国赴索马里护航引起世界的关注，也让吕建民很受启发。他在索马里海盗最猖獗的时期，自己组织 5 人摄制团队冒死前往"黑鹰坠落之地"，在战火纷飞的索马里直面海盗，记录下发生在那里的生死瞬间。

拍摄索马里是在拿生命作赌注，随时准备迎接死神，也许今天晚上闭上眼睛，明天就不会睁开。他在索马里首都摩加迪沙街头，看到武器弹药就像白菜一样摆在大街上卖，当他向一个摊主询问价钱时，另外一个摊主就表示出不满，举枪对天打出一梭子弹。

他说，有时真不知道，这些家伙会不会对你开枪。他想深入海盗老巢，地方政府不放心，还帮他雇了十多个武装人员。

这部电影于 2012 年 3 月 9 日上映，创下两个"第一"：世界上第一部在索马里实地拍摄的电影，中国第一部全程在国外拍摄的战地记录电影。

我向孩子介绍说，一个敢拿命干事业的人怎么可能不成功？！吕建民的敬业精神终于有了回报，2009 年年底上映了中国改革开放以来的第一部恐怖电影《午夜出租车》，最终以 1300 万人民币票房落幕，创造了当年恐怖片的票房纪录，也带动了以后几年国产恐怖片的集体爆发。2011 年 6 月上映的《B 区 32 号》被称为中国版的《鬼影实录》，投资不足百万，最终票房 1700 万元，创下了当时中国电影投资回报率的历史最高纪录。至于后面的《战狼》系列的成功就不用多说了，大家都非常清楚了。

孩子听完我的介绍，非常感慨地对我说，干一行，就要钻一行、拼一行。

我接着她的话说，一支军队在战场上只要能拼，就没有攻不下的山头、攻不破的城池；一个人只要能拼，就没有做不成的事情、实现不了的目标。

36．父母就是最好的榜样：用自己的做法感化孩子

家庭是人生的第一个课堂，父母是孩子的第一任老师。孩子从牙牙学语就开始接受家教，有什么样的家教，就有什么样的孩子。很多人都说，孩子身上有父母的影子，这不仅仅是说长相，更多的是对父母一举一动的模仿，一言一行的重复。最好的家庭教育，是父母的言传身教，是父母给孩子树立榜样。

教育部长陈宝生曾说过："要孩子做到的，家长首先做到；要孩子不做的，家长首先不做；家长做不到的，绝不强迫孩子做；孩子想做的，家长理性地引导孩子。"话虽不长，但却用最直白的语言道破了家庭教育的关键所在。很多时候，父母的行为会潜移默化地影响孩子，甚至会影响他们的一生。父母若不能给孩子做好榜样，会产生长远的不良影响。

记得孩子还小的时候，一天我刚下班回家，就直接坐到桌前吃饭。孩子在一边好像发现了新大陆，对我说："爸爸没洗手，不讲卫生。"

我说："洗过了，出办公室之前洗的。"

孩子又对我说："我和妈妈没看见，你说了不算。"

为了给孩子做个榜样，我只好站起来，再去洗了手。

饭后，我与爱人交流，认为孩子长大了，会模仿大人，我们要注意自己的行为了。

我爱看书，我学习的时候，孩子也拿本书在一边看。后来孩子养成了爱看书的习惯，我想与此也有关系。我爱逛书店，经常去，孩子长大了也爱去书店，去图书馆。

我还经常给孩子讲我过去的故事，讲自己的努力。孩子也经常受到激励，甚至把我当作了参照，说自己肯定比我强。我总是说，我希望你比我强。

我和爱人在外出郊游时，都会将喝完的饮料瓶、用过的餐巾纸等收拾好带上，等看到垃圾桶时再去扔掉。孩子也养成了这个好习惯，从来不会乱扔垃圾。她不论在哪里，喝完饮料后，都会四周看看，找一找垃圾桶在什么地方，找到了就把饮料瓶塞进去，如果找不到，就会拿在手里，或放到包里，直到看到垃圾桶才会扔掉。

孩子也经常听我写的歌、看我写的书，也会经常给我提意见，我总是虚心、诚恳地接受。相应地，我给她提意见，她也会愉快地接受。

父母的成功就是给孩子树立一个很好的榜样和奋斗的目标。我对工作的努力、取得的成绩和荣誉，孩子都看在眼里、记在心里。她总是对她妈妈说："我要向爸爸学习，做出自己的成绩。"

十一、根本的东西不能丢

——培养孩子做人做事的基本素质

家庭是人生的第一个课堂，父母是孩子的第一任老师，家庭教育关乎孩子价值观的形成，影响着孩子的一生。"爱子，教之以义方"，习近平主席在 2016 年 12 月 12 日会见第一届全国文明家庭代表时引用了这句话，强调家庭教育最重要的是品德教育。

2016年12月12日，习近平主席在会见第一届全国文明家庭代表时说："家庭教育涉及很多方面，但最重要的是品德教育，是如何做人的教育。也就是古人说'爱子，教之以义方'，'爱之不以道，适所以害之也'。""爱子，教之以义方"出自春秋左丘明的《左传》，意思是疼爱子女，应当以道义去教导他，使其不要走上邪道。习近平主席引用这句话，就是告诉我们，要特别重视培养孩子做人做事的根本，扣好人生的第一粒扣子，迈好人生的第一个台阶。

"根本"一词的意思不难理解，可是稍微注意一下就会有疑问，"根"为什么与"本"结合在一起？其实，在古代汉语中，"本"就是指树木的根。根本就是事物的本源或根基，水与土就是农业的根本，如果没有水和土也就无所谓农业。教育孩子，必须从一开始就要培根固本，培养孩子做人做事的基本素质。只有根本打牢了，扎深了，孩子才会茁壮成长，才会长成参天大树。

37．共同的规矩必须守：培养孩子的自律意识
·

规矩，原是校正圆形和方形的两种工具，"规所以正圆，矩所以正方"。《荀子·礼论》："规矩诚设矣，则不可欺以方圆。"一块木料，要想成为具有一定形状和规格的有用之材，就需要按照一定的标准去加工，而且这个标准越精密、越严格越好。《韩非子·解老》："万物莫不有规矩。"由物及人，其理相通。《史记·礼书》："人道经纬万端，规矩无所不贯，诱进以仁义，束缚以刑罚。"物有物的规矩，人有人的规矩。规矩贯穿人类社会的方方面面，要以道德为教化，以刑罚为约束，后逐步引申为礼法、法度、标准、规则。

本质上，规矩就是一种约束准则，一种标准尺度，一种责任境

界。事都有规矩，不以规矩，不成方圆。做人有行为规范，做事有做事规则。国不以规矩则乱，军不以规矩则败，人不以规矩则废，家不以规矩则分。所谓"国有国法，家有家规"。一个人生活在一定的群体中，就要受这个群体某些规则的约束和限制。广义上讲，一切法律、制度和规章都是"规矩"；狭义上说，凡以口头的、书面的形式立下的，还没有达到法律、制度层面的准则，以及约定俗成的通行做法或惯例，都可以看作是"规矩"。

当然，也有一些礼节性的规矩，如人际交往中，待客之道、问候答谢等，不是某个群体成员或未进入某个群体范围，可以不理会、不在乎特定的"规矩"。如"家规"只需家庭成员遵守就行，其他人无须理会。规矩面前，人人平等。

集体有集体的规矩，社会有社会的规矩，行业有行业的规矩，单位有单位的规矩。无论身在何处、所为何事，都要遵章守纪、遵规守矩。行人过马路要走斑马线、看红绿灯，公共场所禁止大声喧哗……从政、经商、交友、做人等，都要讲规矩。还有，比赛规则、游戏规则、交易规则等，这些都要严格遵守，大家必须"按套路出牌"。父母从小就要让孩子知道，共同的规矩必须遵守，这是做人的底线，什么时候都不能破，一旦打破，就会受到相应的惩罚。

在培养孩子规矩意识的过程中，我始终忘不掉"一面墙"的故事。

孩子初中所在的学校，操场到教学楼之间原来有一面墙，操场在北，教学楼在南，从操场到教学楼都需要经过这面墙。后来在修建操场时，这面墙被拆除了。为了纪念这面墙，学校将其设为无形墙，而且立下一个不成文的规矩，要求师生必须像原来一样绕着走，以此来培养师生遵守纪律的习惯，训练师生的自制力。每逢新生入学，学校都要告诉他们这样一个道理，师生只有在应急演练等特殊情况才可以穿"墙"而过。为了督促学生遵守这个规矩，课间的时候还有老师在这里值班，谁要是穿"墙"而过，就会被要求退回去，重新绕着走。

孩子在家里，经常讲这面"墙"的故事，谁趁值班老师不注意，悄悄闯过去；谁被老师发现了，不仅被训了一顿，还被揪回去重新绕了一趟。

我们俩探讨过这个问题，我认为这面无形墙，就像生活中的法规制度，并没有一个实体的东西拦在我们面前，而是要靠每一个人来自觉遵守。学校也是用心良苦，通过这种特殊的方式，培养学生养成遵守规矩的习惯。我把我的想法与孩子进行了分享，孩子也认可。

这"一面墙"的故事我们经常讲，经常讨论，有时以小见大，延伸到其他类似的问题，孩子也能够举一反三。孩子初中三年，从来没有穿过这面"墙"，对于学校和老师定下的其他规矩，孩子也都会自觉遵守，从来没有违反。

38．说到就要做到：培养孩子实事求是的好习惯

做人最重要的素质就是"说到做到"。所谓"说到做到"，就是按照承诺的时间，保质保量做到。对自己而言，不能说到做到，久而久之会被贴上不靠谱的标签，一旦被贴上这样的标签，就意味着没有人会信任你，没有人愿意与你合作，甚至没有人愿意帮你。对别人而言，会被你的失信而拖累，因为他们都是以你能够做到为前提来计划安排的，一旦你说到没有做到，就意味着其他人也难以实现他们的承

诺，预期的目标难以实现。一个人如果经常说话不算数，就有可能成为一个不受大家欢迎的人。因此，要让孩子从小养成实事求是、说到做到的好习惯。父母更要给孩子做出榜样，不要失信于孩子。

从前，有一个"曾子杀猪"的故事。曾子的夫人要去集市，儿子哭着闹着想跟着去。夫人对孩子说："你先回家待着，待会儿我回来杀猪给你吃。"夫人刚从集市上回来，曾子就要捉猪去杀。夫人赶忙劝止说："只不过是跟孩子开玩笑罢了。"曾子说："这可不能跟他开玩笑啊！小孩子没有思考和判断能力，一切都是在向父母亲学习，模仿父母亲的行为。现在你欺骗他，这是教孩子骗人啊！而且，母亲欺骗儿子，儿子就不会再相信自己的父母亲了。"于是曾子就杀猪煮肉给孩子吃。

这个故事给我们的启示是，父母要注意言传身教，言必信，行必果，即使有时没有实现承诺，也要对孩子说实话，以获得孩子的理解与谅解，一定不能欺骗孩子。

孩子就是孩子，你答应过的事，他记得清清楚楚，不要以为时间一久他就会忘，时候到了他可就会直截了当地提醒你，不会像大人一样顾及面子。

孩子小时候都喜欢吃各种各样的零食，而大人总认为很多小零食添加的东西太多，常常会反对；孩子喜欢去公园、游乐园等好玩有趣的地方，大人却不爱去。但大人有时候为了让孩子听自己的话，往往投其所好，用美食或玩乐来引诱孩子，好像耍猴一样。如果做不到，孩子就会说大人说话不算话。这对孩子的影响特别不好，这种事情我们家也发生过。

每个孩子都是一个小馋猫，我家的孩子也不例外。我每次出差之前，孩子都会提出要求，带回点好吃的。一般情况下，我都会买一些当地的特产带回来。即使时间不充裕，我也会在车站或机场临时买一些。只要我一回家，孩子就会东翻翻西翻翻，挑着好吃的这个尝尝，那个品品，甭提多开心。

有一次出差时间比较紧张，我匆匆忙忙乘飞机往家赶。回家之后，我去了洗手间，孩子习惯性地打开我的行李箱，里里外外翻个遍，什么好吃的也没有，很是失落。

我一出来，她就问："爸爸，你没给我买好吃的呀？"

我这才想起来："对不起，这次时间来不及。"

她接着说："你不是答应给我买的吗？你没有信用。"

我诚恳地接受批评："是爸爸错了，爸爸下次多买一点，一起给你补上。"

从此之后，我就多留了一份心，如果任务紧急，没有时间专程去买小食品、小礼品，就在乘飞机时，把航空餐的果品包或面包留下一份；在乘火车时，把列车提供的零食留着。孩子是很容易满足的，哪怕只有一两块糖果，也会很开心。

关于守信，后来我逐步总结出一些做法，并将这些做法分享给孩子。

首先，要求孩子在答应别人的要求之前认真想一想，看看自己是否有能力、是否愿意满足对方的要求。如果认为自己的条件还不具备，就不要轻易答应。

其次，凡是自己已经答应做的事情，就要认真去做。可能有时会遇到意想不到的困难，那也不要轻易放弃，可寻求成年人或同伴的帮助，尽全力把事情做好。即使承诺别人的可能是一件很小的事情，那也要认真去做，不能认为小事情就可以忽略。

再次，如果已经答应了的事情确实难以完成，也不要欺骗对方。应该向对方说明缘由，用诚挚的态度表示歉意，并在今后尽量避免类似的情况出现。

最后，能弥补的要立即去弥补，不要拖延。

39．生活中必须守时：培养孩子的责任心

《诗·郑风·风雨》中有"风雨凄凄，鸡鸣喈喈"，意思是说即使在凄惨暗淡的风雨之日，雄鸡也会恪守时辰，准时打鸣。家禽尚且如此，何况人类。德语中有一句话："准时就是帝王的礼貌"。康德在给老朋友的回信中写过这样一句话："无论是对老朋友，还是对陌生人，守时就是最大的礼貌。"守时就是遵守承诺，按时到达约定的地方，没有例外，没有借口。即便你因为特殊原因不得不失约，也应该提前告知对方，并向对方表示你的歉意。

这不是一件小事，它反映了你的素质和做人的态度。如果你对别人的时间不表示尊重，你也不能期望别人会尊重你的时间。约好的时间不能到，等到的时候就会说出一大堆理由，为什么在出门前不做好计划再出门？也许有人会说这样的生活太累，只是一个约见，需要做好这样和那样的打算吗？能够在约好的时间准时到达，别人会觉得这是对他的一种尊重。鲁迅先生曾说过："时间就是生命，无端地空耗别人的时间，其实是无异于谋财害命的。"

守时，看似寻常小事，但折射出践约者是否诚实守信，也体现了践约者对对方的尊重。因此，守时也是每个人必须具备的美德。越守时的人，越靠谱。连时间都不能遵守的人，能不能遵守做事的规

则，容易让人产生怀疑。必须培养好孩子守时的习惯，这不仅是对人的尊重，更是表现出一种做事的态度和责任。

孩子中考时就在本校。平时早上送她上学，从家到学校也就六七公里，开车大概15分钟。第一天考试9点钟开始，我们计划8点钟送她，觉得这个提前量应该是可以了，8点半可以稳稳地到学校，提前半小时坐进考场。

8点钟准时从家里出发，结果刚到第一个路口，就堵车了，一堵就是20分钟，孩子着急了，她妈妈也在埋怨走晚了。我耐着性子安慰她们别着急，时间还有。孩子在后面说，自上学开始，还从来没有迟到过，这次不会吧？

8点25分过了堵点，后面的道路开始通畅了，我加快了车速。到了离学校还有五六百米的十字路口时，又被堵住了。眼看一时不能通过，我果断地要求孩子和她妈妈先下车，步行到学校。她们迅速下车，匆忙向学校走去。

到了学校门口时，已经是8点42分，又碰到孩子的一个小学同学。这个同学不在这个校区上学，不熟悉学校情况，找不到自己的考场。孩子又给同学指了路。等她走进考场刚放下笔袋，考试的铃声就打响了。

考试结束后，她问我考试迟到会有什么后果。我说，一则答题时间不够用，二则如果迟到超过半个小时，考官就不让进考场，相当于弃考，那问题就大了。

我进一步延伸说，甚至有时会因为迟到一分钟而耽误大事呢。我特别提到了拿破仑的一句名言："我的军队之所以打胜仗，是因为我总是比敌人早到5分钟。"在战场上，早到5分钟就可以抢占有利的地形，地利在战争中是决定胜负的重要筹码。所以做什么事情，都要有时间观念，尽量守时，宁可早出门，也决不要晚到。

有了这次有惊无险的赶考经历，孩子真正树立起"守时"这个理念，后来不管做什么事情，都会打好提前量。

40．珍惜别人的信任：教孩子学会巩固友谊

人与人之间，彼此的信任是无价的。相互信任，才会越走越近。信任是一扇由内向外打开的大门，它无法由别人从外面打开。人生之幸，莫过于被人信任。人生之憾，莫过于失信别人。谁都无法要求别人信任自己，因为自己是被动的，别人是主动的。只有当自己获得别人认可，值得别人信任时才能实现。取得别人信任很难，任何虚假、虚伪、欺骗的行为，哪怕是一点点，都可能成为别人对自己不信任的根源。当别人信任自己时，说明自己已经得到别人的认可，一定要珍惜这份信任，尽量不要让他人失望。

将来步入社会，不管从事什么工作，我们的成功都需要他人的信任。子曰："民无信不立。"说的是人没有诚信就没有立足之地。他人信任你，才会与你合作，或采用你的建议，或使用你的产品。如果你珍惜这份信任，守住这份信任，成功的机会就会越来越多。从小就要培养孩子，不仅要获得别人的信任，更要珍惜他人的信任，要始终保持好这份信任。

孩子上学之后，我们家养成了一个规律的作息时间。爱人上班地点离家很近，每天下午5点钟下班。孩子放学做作业，妈妈下班做

饭，等我回到家的时候，饭也做好了，孩子作业也做完了，就可以开饭了。吃完饭后，大概不到7点钟，我们就带着孩子出去玩，一个小时左右回家，然后要求孩子准备一下第二天的东西，9点之前准时休息。

小学四年级的一天晚上，我们带着孩子从外面刚回家，孩子就接到同班同学的电话，说她的爸爸妈妈不在家，她发现家里有老鼠，非常害怕，希望孩子去陪陪她。这个孩子与我们住在一个院子里，她的父母与我们是老乡，也都在一个单位共事，平时来往比较多，两个孩子又在一个班，在一起的机会也比较多。

孩子将情况告诉我们，问我们要不要去陪陪她。我说，她找你，说明信任你，一定要珍惜同学的信任，那就去吧，给她壮壮胆。我们把孩子送到同学家楼下，孩子一个人上楼去陪同学。直到同学的父母回到家里，我们才去把她接了回来。

回来的路上，我们就告诉她，获得别人的信任很不容易，一定要珍惜别人的信任。这件事情也教育了孩子，别人请求帮助的事情，能办到的都尽量办好，办不到的也解释清楚。一直到上大学，孩子与幼儿园、小学和中学的同学还保持着往来。

41. 走正道树正气：培养孩子坦荡做人做事

《素问·刺法论》说："正气存内，邪不可干。"反之，当人体正气不足，或正气相对虚弱时，御外功能低下，往往抗邪无力，则邪气可能乘虚而入，导致肌体阴阳失调，脏腑经络功能紊乱，以致引发疾病。自古以来，搞歪门邪道者难成大事，成大事者无不修正气、走正道。奸臣贼子投机取巧，祸国殃民，无不留下千载骂名。

教育孩子做人须讲正气，办事须讲德操，光明正大走正路，不搞歪门邪道。孩子小，做事需要大人教策略教方法，大人一定要正确地引导，千万不要教孩子投机取巧，搞阴谋诡计，那样最多只能得一时之利，绝不是长久之计。而且次数多了、时间久了，大家都认清了你，朋友都会离开你，知道的人都会躲着你、防着你，没有人敢与你共事，就会越来越孤立。如果做人坦坦荡荡，做事光明磊落，大家都会接近你，与你交朋友，与你一起共事。大人如此，孩子也一样。

孩子给我讲了他们班选"三好学生"的故事。

选"三好学生"的时候，谁认为自己够条件就可以报名。有的孩子成绩没有全部在优良以上，就主动放弃了。有的虽然成绩很好，但没有给班级做出什么贡献，自认为没机会得到同学认可，也就没有报名。大家都按照"三好学生"的要求进行公平公正的选举。孩子在初一、初二都被评为海淀区"三好学生"。

初三的时候如果再能选为区"三好学生"，就可以被评为市"三好学生"。他们班初一、初二连续被评为"三好学生"的只有俞露和另外一个同学。能评上市"三好学生"不仅是当选学生个人的荣誉，也是所在班级的集体荣誉，十分难能可贵。

但是孩子大了，心眼也就多了。有的孩子开始做其他同学的工作，宣称俞露他们如果评为市"三好学生"，中考就要加分，就会超过大家，这么大的好事，可不能让他们占了。有的同学被说服了，在一起嘀嘀咕咕。评选结果出来了，俞露以一票之差落选，另外那个同学也没有选上。

放学我接她的时候，她委屈地流着泪，说他们串通一气，搞歪风邪气。我安慰她说，荣誉是别人给的，成绩是自己考的，争取在中考考出好成绩，不需要"三好学生"加分也能上个好学校，别人搞歪风邪气，自己阻止不了，那就保持自己的清风正气。

孩子听了我的话，心气顺了，继续埋头苦学，最后考入了自己理想的高中学校。

遇到这种受委屈、不如意的事情，家长应该积极排解孩子的怨气，同时给予鼓励激励，让孩子迈过这道坎。

42. 重视亲情的培养：建立良好的人际关系先从亲人之间开始

亲情是具有血缘关系的人之间存在的感情。因为有血脉相连，相互之间关系亲密、感情深厚。父母与子女之间，兄弟姐妹之间，这种至亲的关系会产生至爱。但凡亲戚之间，只要有一丝血脉，彼此也很亲近，具有良好的感情基础。孩子将来要走向社会，也会建立自己的人际关系。可以想象，如果一个人与最亲近的人关系都处理不好，怎么可能处理好社会上复杂的人际关系？因而在走上社会之前，引导孩子培养良好的亲情关系，帮助孩子为将来建立良好的人际关系打好基础是非常重要的。

每次离放暑假还有一个多月时，孩子就开始计划去哪里玩儿。今天和我们商量着去这儿，明天又说哪个同学出国，后天又说哪个同学要去港澳。只要一谈起暑假出行的计划，她都是神采飞扬，只感叹分身无术，不能多去几个地方。对于我们从中学毕业就离家外出求学、工作的家长而言，一有空闲时间就想回到老家，带着孩子陪陪年迈的父母，看看家乡的亲戚。可孩子提的地方要么是有名的城市，要么是有名的风景。我们有时候很想与孩子商量假期是不是安排回老家，但看到孩子对外地景点旅游的美好憧憬和强烈愿望，又不忍心扫了她的兴。

初一下学期的时候，有一天，我们又聊起了这个话题。孩子问我暑假计划去哪，希望我有一个明确的答复。我没有直接答复，而是问她能不能先听我算一笔账。她爽快地同意了。

我说："爷爷奶奶、姥姥姥爷都快70岁了，就算他们都能活到100岁，这算是高寿了，那么还有30年。如果我们每年回去看一次，每一次按1个月算，共计就是30个月，爷爷奶奶、姥姥姥爷又不在一个城市，如果两边一分配，每边只有15个月。我们也不是每年都能回去，能有80%成行就不错了。这样一算，还有12个月。你现在是上中学，每年还能抽1个月时间。如果上大学了，每学期假期可能还要出去实践或访学，如果再减去2次，只剩10个月。如果你上班后，工作忙，也不能每年都回去，至少要减掉2个月，还剩8个月。如果你有了家庭，围绕自己的小家转，时间又紧张了，再减去2个月，只有可怜的6个月。"

这样算来算去，陪陪爷爷奶奶、姥姥姥爷的时间越算越少。我还没有算完，孩子的眼泪已经哗哗地流了出来。她一边哭着一边对我说："爸爸，咱们还是回去看看爷爷奶奶、姥姥姥爷吧。"

我说："我也是这样想的，将来出去旅游的时间多的是，陪爷爷奶奶姥姥姥爷的时间是越来越少了，我们应该好好珍惜。"

从此以后，只要放假有时间，孩子都会主动提出让我们带她回家看看，陪陪爷爷奶奶、姥姥姥爷说说话，看看亲戚。她也会与同辈同龄的孩子愉快地相处，增加感情。平时即使没有时间回去，她也会经常与老人通个电话，问候一下。每到节假日还会提醒我们，是不是给爷爷奶奶、姥姥姥爷快递一些礼物回去。后来上大学也一样，大一放假时，她爷爷生病住院，我和爱人工作忙不开，她就主动提出来自己回家照顾爷爷。

每当回忆这件事，我就在想，有些人连婆媳关系、翁婿关系、兄弟姐妹关系甚至父母关系都处理不好，怎么可能处理好与别人的关系？这些都是自己身边最亲近的人，如果都没有付出真情来相待，那么对其他人更不可能。教育孩子建立良好的人际关系应先从亲情开始，体会和感受相互之间的关心、宽容和理解，这必将为孩子未来处理好社会上复杂的人际关系打好基础。

十二、心有灵犀一点通

——发现问题点到为止

孩子一般不会发生原则性的问题，就像柜子上面飘落不久的灰尘，一扫即净，并不需要来回擦洗。孩子都有灵性，不是什么都不懂，常常一点就通、一点就透，家长往往只需轻描淡写、旁敲侧击就能解决出现的问题。如果"上纲上线"、正面指责，往往事与愿违或引起孩子的逆反心理，常常事倍功半。

曾子曰："君之于子也，爱而勿面也，使而勿貌也，导之以道而勿强也。"说的是君子对待自己的子女，虽然疼爱但不要流露在脸上，使唤时不要形于脸色，用道理引导而不能强迫。孩子虽小，也不是什么都不懂，在他的心里，分得清什么是好与坏、美与丑、善与恶。孩子都非常有灵性，且非常圣洁，可以说一尘不染。一句污语、一丝灰尘，都会留下一道阴影。别看孩子小，却是常常一点就通，一点就透，对于孩子的问题没有必要说得那么重，犯了错误也没必要批得那么狠。孩子的问题有时候就像柜子上飘落不久的灰尘，没有多少，轻轻一扫即净，或是轻轻吹一口气，灰尘也会散去，并不需要来回擦洗，过之则犹不及。

所以对待孩子的问题，轻描淡写就能让孩子认识到，旁敲侧击就能轻松解决，如果"上纲上线"、正面指责往往事与愿违或引起孩子的逆反对抗心理。如果让孩子感受到你在尊重他，他就会有意识地改正，向你引导的方向上走。即使问题严重，也要讲点技巧，想点方法，迂回侧击，就事论事把道理说透，切不可把过去的旧账翻出来，把不可预知的未来扯进去。孩子的问题没有那么严重，至多只是一种苗头，要想办法扭过来，这才是正道。

43. 发现问题绕着说：以迂为直曲径通幽

有些人认为，孩子每天与我们生活在一起，有什么话直接说就行了，不用顾忌方式方法，但这并不恰当。孩子小的时候，对一些问题理解不深，必须要说透。但孩子长大后，尤其是进了中学，对问题有了自己的看法。如果直接说会伤了孩子的自尊，还是绕着说好，旁敲侧击点到为止，明的不说暗里说，用其他的问题和话语进行暗示，让孩子自己认识到问题所在，反而容易激发孩子的斗志，努力改变当前的局面。

在孩子身上发生的两件事，让我记忆犹新。

刚上初一的时候，她可能有新鲜感，学习热情很高，对每一门课程都兴趣盎然，忙得不亦乐乎。好景不长，也就是两周的时间，这种热情逐渐下降了。看似每天都在学习，但课外的内容明显增多，上网的时间也多了，到期中考试时问题终于暴露出来了。以前每次考试，她总是及时地向家里汇报，但期中考试时，考一门不说，考两门不说，情绪明显没那么高，我就判断出考得不理想，想问吧，又担心她敏感，如果考得很好，自己就会说了。我也只好在心里憋着，装作若无其事。

有一天，终于抓到一个机会。她坐在车后面，不知怎么聊起了第二次世界大战初期敦刻尔克英法联军的大撤退。1940 年 5 月 21 日，德军直趋英吉利海峡，把近 40 万人的英法联军围困在法国北部狭小地带，只剩下敦刻尔克这个仅有万名居民的小港可以作为海上退路。形势万分危急，敦刻尔克港口是个极易受到轰炸机和炮火持续攻击的目标。英国政府和海军发动大批船只，动员民众共同营救军队，在短短一个星期的时间里，救出 33 万多人，让被围困的大军死里逃生。敦刻尔克撤退为盟军的日后反攻保存了大量的有生力量。

在讨论的过程中，我悠悠地说了一句："失去一场战斗不可怕，可怕的是失去一场战争。"

孩子很敏感，明白了我的意思，说："爸爸，我这次期中考试考得不好，但我知道应该怎么努力了。"

我安慰说："没关系，中学生活刚开始，可能还不太适应，慢慢调整就好了。"

在随后的两个多月时间里，孩子慢慢调整了状态。期末考试结束后，班主任教师给我爱人发来一条手机信息，祝贺俞露考试前进了318名，为全校第7名。我们把情况通报给了孩子，孩子也很高兴。这时我们才知道，全年级有650名，孩子这次前进了318名，意味着期中考试只是325名，正好压在中间点上，看来期中考试的成绩确实很不理想呢。

高三下学期是最紧张的时刻，学生高度紧张，家长也随着孩子的节奏紧张。4月初的时候，大学开始自主招生，孩子们也开始琢磨，这个瞄着北大，那个瞄着清华。有天晚自习，我去接她。她在车上跟我说，让我帮她联系个心理医生。

我心里立即紧张起来，这说明孩子的压力已经非常大了。我联系了一位心理医生朋友郭主任，约好后天一早去他那里，请他和孩子聊聊。

夜里我翻来覆去睡不着觉，反复思考着。我们并没有给孩子压力，她的学习成绩也不差，怎么会出现这种状况？经过分析，我感觉可能是因为面临高校自主招生，大家都在选择报哪所学校，她自己也在想，又得不到答案，思想负担加重，心理压力增大，她的心情也被弄乱了。我马上想到了美国射击运动员埃蒙斯，他在两届奥运会上的最后一枪都大爆冷门，把即将到手的金牌丢了。归结原因，是他在关键时候瞄准的是金牌，而不是靶子。

第二天因为要上班，与孩子缺少沟通的机会，我早上不到5点就起了床，摊开纸，拿起笔，给孩子写信，信中主要给她讲了埃蒙斯的故事和我的感悟。

埃蒙斯在第28届雅典夏季奥运会上的最后一枪竟然意外打在了

别人的靶子上，让中国选手贾占波夺得金牌；在第29届北京夏季奥运会上最后一枪竟打出了4.4环，不但失去金牌，甚至连奖牌都没拿上。我认为，这是因为埃蒙斯的心态发生了问题，他最后一枪瞄准的是金牌，而不是靶子。只有始终瞄准靶子，做好当下，才能获得真正的成功，而不是瞄准金牌，总在考虑该报哪所学校，这是分数出来才能够决定的事。

我把信放在孩子的桌子上，她一起床就可以看到。

晚自习后，我去接她，她对我说："老爸，您给郭伯伯打电话，告诉他我想通了，不需要看了。"我笑着说："老爸就是最好的心理医生"。

孩子都很聪明，也很敏感，家长就是拐弯抹角地说，他们也会感受到意有所指。有些话说了怕伤着孩子，不说自己又憋得难受。所以呢，就点到为止，不必说透，留有余地，只要让孩子感受到就可以，孩子的自我反思和感悟才是最可贵的。

44．人前不说人后说：给孩子留个面子

孩子在成长的过程中，不可能不犯错。犯了错误不要紧，改正了就会成长进步。有的父母不顾场合，以为在别人面前批评孩子才能让他长记性，才能印象深刻、改掉毛病。甚至有的父母就像鲁迅笔下的祥林嫂一样，见到一个人就说自己孩子的不足。中国有句老话叫"当面教子、背后教妻"，言外之意是当着众人的面教育孩子，会显得父母很注重孩子的教育；妻子的错应该背着人指出，为的是给妻子留个面子。

人都是要面子的，孩子也一样，也有自尊心，最好不要当众批评。孩子有时比大人还敏感，他们通过大人的态度来评价自己在大人心中的形象。有人的时候尽量忍着，不能一看到孩子犯错误就情绪激动，不问青红皂白就是一顿批评，像狂风暴雨一样，只顾着自己痛快了，却忘却了批评的目的，忽视了孩子的感受，忘记了对孩子的尊重，激起了孩子的反感，这样往往事与愿违，只能把问题弄得更糟。批评孩子的目的是帮助孩子改正，健康地成长，而不是为了自己的发泄，千万别拿自己的情绪来伤害孩子。如果在人后心平气和地与孩子单独交流，往往能起到事半功倍的效果。

有一年回家过春节，家里来了很多拜年的客人。一开始还是和小朋友打闹玩笑的女儿突然坐在一边生闷气，谁与她搭话都不理，还默默地流眼泪。姑姑问她怎么了，她也不回答，竟然大声哭了起来。

后来，我把她带到一边，问她怎么回事。她说她妈妈批评她，还当着这么多人的面。

我问怎么批评的呢，她不说，让我自己去问。

我去问爱人，爱人说没有批评她呀。有意思，当事人竟然不知道。

我去跟孩子说："妈妈自己不知道什么时候批评了你，怎么批评你的，你岂不是白生气了。"

她委屈地说："我已经很独立了，妈妈批评我不独立，而且当着这么多人的面。"

我去跟爱人说，爱人才想起来，原来是大人在聊天时，她顺嘴说了一句。说者无心，听者有意，孩子太敏感了，感到丢了面子。

后来，孩子自己对我们说，以后有别人在的时候，尽量不要批评她，这样让她感到很没面子，有什么问题回家再说，或者把她叫到一边说。

她的意见我们很重视，从那时起，我们再发现问题，都会尽量在没外人的时候进行交流，她也能愉快地接受。

这件事给我的感受是，孩子真的有问题也最好悄悄和孩子说，不要当大喇叭，唯恐天下人不知。特别是有些家长快言快语，习惯了在别人面前谈孩子，想怎么说就怎么说，有些事情自己认为是问题，在随意聊天的时候，嘴巴没个把门的，信口开河，随口就说。虽然大人们都没有在意，可是孩子在认真地听着，这样特别容易伤了孩子的自尊心。尤其是家长有时有口无心，揭了孩子的短，孩子很受刺激，家长自己还像无事人似的，不知道咋回事。这个教训，我们家长都应当吸取。

45. 问题要往小了说：孩子的问题没那么严重

讲问题的重点不是要把问题说得多么严重，而是让孩子提高认识。其实孩子犯了错误，家长老师点到就可以了，重点是做好下篇文章，让孩子能够尽快地改正。常听人讲："从小看老""从小偷针长大偷牛"，实际上孩子的问题并没有那么严重。孩子的可塑性很强，只要做好孩子的思想工作，向好的方向引导，孩子都会健康地成长。过度强调问题的严重性，容易使孩子在潜意识里留下很深的记忆，把一个不怎么突出的问题变成了一辈子的毛病，让孩子背上一个包袱，成为成长的负担。

孩子上小学没几天，班主任老师给我爱人打来电话，孩子在学校把其他同学的酸奶喝了，同学向老师告状。老师说，随便喝人家酸奶，性质很严重，回家之后要好好教育教育她。爱人就与我说："该怎么办？"我说："等她回来再说。"

接她回来后，我显得不经意似地问她："你怎么把同学的酸奶喝了？"

她说："是同学给我喝的。"

我接着说："那你应该谢谢人家。"

她说："我谢谢了。"

喝酸奶是事实，这是确定的。但我心里也疑惑，那个同学怎么会向老师告状呢？如果是同学主动给她的，孩子喝了倒很正常，没什么问题。可老师说同学向她反映，是孩子未经人家同意，喝了她的酸奶，这性质就变了。这中间可能有什么误会没说清？难道是孩子说谎？但为了一瓶酸奶大可不必。

现在情况有些扑朔迷离了，说不清的事不能随便处理。如果真的批评孩子，孩子也会感到委屈。

我们轻描淡写地对她说，不要随便拿人家的东西，如果觉得别人的好，咱们回来买。如果实在想要，也可以先向人家借，回头再还也可以，但一定要与同学好好商量。

仅仅这样教育是不够的。第二天，我们让她带了两瓶酸奶，还带了两块巧克力，去与这个同学分享。放学回来后，她高兴地说，她给那个同学一瓶酸奶、一块巧克力，同学很高兴，她们两个成了好朋友。

孩子的问题都是小问题，有时候没有那么严重，不要动不动就上纲上线。老师告诉家长，是想引起家长的重视。我们家长不必再拿起放大镜无限放大，而是要尽量把孩子往正确的方向上领，让孩子轻松前行。如果因为一些小事，让孩子背上沉重的思想包袱，那就太不值了。

46. 批评纠正巧妙说：重点在"评"字下功夫

批评的重点在于"评"，而不是在于"批"。批评孩子不在于泄心头一时之恨，要照顾到孩子的接受程度及效果。批评孩子的时候不要上来就单刀直入，唠叨孩子的过错，这样容易让孩子产生抵触情绪，特别是有的家长在生气的时候，语言尖酸刻薄，甚至对孩子进行人身攻击，把批评演变成与孩子的一场"战争"。批评一定要讲究策略、讲究技巧，既让孩子认识到自己的错误，又不伤孩子的自尊，达到批评的目的。在批评缺点之前，不妨先表扬优点。先表扬肯定，等于暗示孩子平时做得都不错，只是这次做得不够好。当孩子接收到这样的信息后，就会正视自己的缺点，争取努力改正。如果与孩子之间矛盾尖锐，也可以请第三者说话，第三者的建议也许更能被孩子接受。

在孩子高二年级上学期，她妈妈去参加家长会，回来给我说了一个意想不到的问题。她找任课老师交流孩子的情况，当找到英语老师的时候，老师竟然说俞露这学期没上他的课，她妈妈一下子懵了，其他家长也感到很惊讶。一学期没上英语课，这还了得，这与逃课没什么区别，我们自己怎么都无法理解，感到问题很大。

我们家有个好习惯，学校开完家长会后，我们家都会召开一个家庭会议，把老师反映的情况与孩子进行全面交流，哪些要继续保持，哪些要注意改进，哪些要进行强化，并制定一个有针对性的措施。

于是我们想先把情况了解清楚，并没有先入为主，上来就批评。

她说她这学期就没报英语课。

原来，俞露所在的高中与别的中学不一样，与大学教育比较相似。孩子一入学就要学会选课，用校长的话讲，就是让学生在选择中成长。孩子上什么课，上哪个老师的课，都是孩子自己选的。

我们问她为什么不报英语课？

她说这学期的课程在高一时就选过了，学完了。

我们无语了，听上去孩子似乎没做错什么。但我们知道，英语学习和语文一样，需要长期的积累，是不能中断的。

我就问，那你的英语学习不就断档了吗？一断档就意味着会掉队，就会落后。

她自信地说，不会，她可以自学。

个人自学毕竟不如老师带着学那么系统，我想起了她学唱歌时老师说的一句话，一天不练自己知道，两天不练老师知道，三天不练大家都知道。我把这句话复述了一遍，并且强调英语也一样，要学好英语，就要经常学长期学，一天也不能停。

她接受了我们的观点，并说自己要加强自学，把过去丢掉的时间补回来，以后就多去英语老师那里蹭课，确保英语学习不掉队。

这件事让我体会到，"批"是治标，"评"是治本，批评的关键在于"评"。如果只"批"不"评"，容易激化矛盾，增大解决问题的难度。如果"批"的成分太重，"评"的成分太轻，往往就会纠缠在细枝末节上。"评"能评出是非对错，还能坦诚相见。在"评"危害的同时，还要指明方向，就像医生在诊断出病因的同时，还要开出治疗的处方，确保药到病除。

十三、百闻不如一见

——引导孩子感受和认识世界

听得再多也不如亲眼所见可靠，做学问不能满足于字面上的明白，必须亲身实践才能把书本上的知识变成自己的实际本领。带孩子走过的路，见过的人，都将印刻在他们的生命里，长久留存。

人们常说："百闻不如一见"，听别人说多少遍，也不如自己亲自看一看。

"百闻不如一见"出自《汉书·赵充国传》。充国曰："百闻不如一见。兵难隃度，臣愿驰至金城。"故事记载的是：西汉宣帝在位的时候，羌人入侵边界，攻城略地，烧杀抢掠。宣帝于是聚集群臣一起商议，询问谁愿意前去领兵杀敌。76 岁的将领赵充国，曾在边界和羌人打过几十年的交道，自告奋勇，担当这一重任。宣帝问他要派多少兵马，他说："听别人说一百次，还不如亲眼一见。用兵是很难在遥远的地方算计好的。我愿意亲自到那里去看看，然后确定攻守计划，画好作战地图，再向陛下上奏。"经宣帝同意，赵充国带领一队人马出发。队伍渡过黄河，遇到羌人的小股军队。赵充国下令冲击，一下子捉到不少俘虏。兵士们准备乘胜追击，赵充国阻拦说："我军长途跋涉到这里，不可追得太远。如果遭到敌兵伏击，就要吃大亏。"赵充国观察了地形，又从俘虏口中得知敌人内部的情况，了解到敌军的兵力部署，然后制定出屯兵把守、整治边境、分化瓦解羌人的策略，上奏宣帝。不久，朝廷就派兵平定了羌人的侵扰，安定了西北边疆。

南宋诗人陆游有一首著名的教子诗《冬夜读书示子聿》："古人学问无遗力，少壮工夫老始成。纸上得来终觉浅，绝知此事要躬行。"说的是古人做学问是不遗余力的，往往要到老年才取得成就；从书本上得来的知识，毕竟是不够完善的，如果想要深入理解其中的道理，必须要亲自实践才行。这里特别强调了做学问的功夫要下在什么地方，决不能满足于字面上的明白，而是要躬行实践，这样才能把书本上的知识变成自己的实际本领。

"不闻不若闻之，闻之不若见之，见之不若知之，知之不若行之。学至于行之而止矣。……故闻之而不见，虽博必谬；见之而不知，虽识必妄；知之而不行，虽敦必困。"荀子认识得更为透彻，听说了没有见，虽然博学但必定有错的时候；见了却不知道，虽然认识但肯定狂妄；知道了却不付诸行动，虽然诚恳但必定局限于一定的范围。董仲舒比喻得更形象："夫目不视弗见，心弗论不得。虽有天下之至味，弗嚼知其旨也。"虽然有天下最好的美味，不品尝怎么可能知道味美呢？

　　教育孩子也一样，你给他讲一百次，都不如带着他见识一下来得直接，让他感受更深。温室里养不出参天大树，我们要经常带着孩子四处走走，认识和感受世界。有一名作家曾说过："上一百堂美学的课，不如让孩子自己在大自然里行走一天；教一百个钟点的建筑设计，不如让学生去触摸几个古老的城市；讲一百次文学写作的技巧，不如让他在市场里头弄脏自己的裤脚。"现在流行一种说法："你读过的书，走过的路，最后都会成为你身体和思想的一部分。"带孩子走过的路，见过的人，都将印刻在他们的生命里，长久留存。

47．见多才能识广：孩子的眼界取决于家长

　　中国有句古话：读万卷书，行万里路。世界之大，常常一个地方阴云密布，另一处却晴空万里。如果说，读万卷书是提升思想认识的深度，那行万里路就是开阔视野的广度。孩子的生活圈子本来就很小，家长如果不去帮助拓展，那么孩子将一直受到限制，眼界和格局也会受到阻碍，如果没有见识，只能是坐井观天。

　　没见识的孩子，只会在自己的小圈子里打转转，对于得不到的东西，不是烦躁，就是放弃，而且还爱斤斤计较，因为他们的小天

地，只有"巴掌"大的一片天，会对于未知的事情表现出畏惧，胆小，原地踏步，只会听话，没有一点主见。让孩子多点见识，孩子就更容易对物质保持一种天然的宁静，对欲望有天生的收敛，而对精神有无限的渴求。

经常见世面的孩子和没有见过世面的孩子，存在着很大的差距。孩子见多识广，有了更丰富的阅历，对世界有了清晰的认识，眼界会更开阔，格局会更高，会更加了解自己的内心需求，清楚地知道自己的发展目标，能够准确地意识到自己的不足，善于总结经验，处理事情也非常有主见，珍惜幸福的生活，能够更好地去实现自己的人生理想。

家长给孩子看到的世界有多大，孩子的眼界就会有多大。平时可以多带孩子出去走走，多与外界事物接触，多见识一些世面。长期把孩子禁锢在家里，会限制孩子的思维和想象力，会使孩子未来的人生道路越走越窄。

孩子 4 岁多的时候带她回老家，正好赶上秋收季节。中午的时候，她正在与几个小朋友一起玩。一个老乡用手扶拖拉机拉了一车稻谷过来，稻谷堆在车斗里。

车停下了，拖拉机也熄了火。孩子看着稻谷就爬了上去，对着小朋友们喊："都上来嗑瓜子呀。"小朋友们都看着她，似乎不解其意，这哪有什么瓜子呀。她看小朋友不动，自己拿了一粒稻谷，用手掰开，看到大米，这才认识到自己错了，马上不好意思笑了起来，很尴尬地对小朋友说："原来是大米呀。"

也难怪，她在城里长大，只见过大米，没见过稻谷，才把稻谷当作了瓜子。当时一些乡亲还笑着说："还真有点像瓜子呢。"我笑说："以前下乡知青把麦苗当韭菜，你把稻谷当瓜子，也有一比了。"过了很多年以后，老家还有人提起这回事，她总是不好意思地说："以前没见过稻谷。"后来孩子还埋怨我说："你怎么不早告诉我这是稻谷，让我出了这么大的洋相。"

孩子14岁的时候，我和爱人带她去了世界公园。到北京这么多年来，我们也是第一次去。孩子远远地指着微缩景观英国大本钟给我们介绍：那是大本钟。因为她参加文化交流实地游览过伦敦，所以对伦敦比较熟悉，马上就给我们当起了免费导游。

她说英国大本钟是国会大厦威斯敏斯特宫的附属钟塔，是坐落在泰晤士河畔的一座钟楼，是伦敦的标志性建筑之一，每15分钟敲响一次。宫殿是国会议事大厅，它们依河而建，阳光下，显得端庄而有气魄。这里是上议院、下议院开会讨论政事的地方，也是英国体现民主的地方。每年国会开会时，国王列席在上议院的宝座上，首相和阁员要从下议院进入大厅，而普通平民可以在旁观席上旁听议事。国会开会期间，钟面会发出光芒，每隔1小时报时一次。

我和爱人没去过英国，来之前也没有做过功课，对这些真不了解，孩子的介绍让我们开了眼界。看着伦敦塔桥，她又开始给我们介绍：伦敦塔桥横跨泰晤士河，分为上下两层，上层为人行道，两侧装有玻璃窗，从桥上通过，可以饱览泰晤士河两岸的美丽风光；下层供车辆通行。她还告诉我们，最有意思的是当泰晤士河上有大型船只通过时，主塔内机器启动，下桥身慢慢呈"八"字分开，向上折起，船只过后，桥慢慢落下，恢复车辆通行。站在桥上，可以看到被称作"伦敦眼"的摩天轮，这是世界最大的摩天轮。

她介绍得认真，我们听得也专心，仿佛自己置身于英国伦敦。

没见过的东西就会想当然主观臆测，就像没见过的生僻字经常会读半边，生活中由此闹出的笑话不会太少。当年城市下放到农村的知青，把小麦当作韭菜；孩子回农村老家，把稻谷当作了瓜子，都如出一辙。如果不及时纠正，孩子养成了想当然的习惯，还会影响到学习，将所学的知识流于表面，似懂非懂，似是而非，一知半解，会给未来成长造成不好的影响。

48. 晚见不如早见：早见早受益

席慕蓉说，如果一个孩子在他的生活里没接触过大自然，譬如没摸过树的皮、没踩过干而脆的落叶，就没办法教他美术。因为，他没有第一手接触过美。自然界有潺潺的流水、鲜艳的花朵、婉转的鸟鸣、茂密的树林，这些都将给孩子带来美的乐趣和遐想，让孩子的想象力更丰富。春天百花盛开的时候，孩子在自然中可以观察到各种花草，认识到物种的多样性，同时，孩子也可以在分辨花的形状、颜色的过程中，不知不觉地提高了观察力。孩子的很多能力越早培养越好，错过了最佳时机，等到回头再去补课，就会被同龄人甩下一大截。

大人们平时忙于工作，一到节假日，总是想宅在家里好好休息休息。孩子则不一样，没到放假的时候，就开始早早地设想，要去这去那，说哪个小朋友去过哪个地方，她没有去过，大家在一起聊天的时候，自己就像个傻子，只能老老实实地当个听众，听别人讲外面精彩的世界，总会有一些失落或向往。

孩子在北京一晃就待了十几年，竟然从未去过故宫。孩子在高三寒假的时候，忽然提出要去故宫看看，理由是如果高考考到了有关故宫的知识点，因为自己从来没去过而答不好，那多遗憾呀！而且有一次模拟考试的作文题目就是《我所了解的故宫》，她了解不多，也就是瞎写。

听她这一说，我也觉得有道理。如果高考时因为家门口的地方没有去过而失分，应该说很冤枉。不过，换个角度看，家门口的东西你都不知道，被扣了分，一点也不冤枉。

故宫又称紫禁城，是中国明清两代的皇家宫殿，世界文化遗产。这么一个有名的地方，别说孩子没去过，我来北京近20年也没去过，每次听到别人一说故宫，我也是在旁边一言不发，倾听别人的叙述。听她一说，我也感到有必要去参观一下。

大年初一，按照中国传统就是放松休闲。趁此机会，也给备战高考的孩子放一天假，放松一下，我们就商量好了，选择去故宫参观。原以为这么冷的天，不会有多少人。结果出了天安门地铁口，来此游览的人已经排成了一条长龙，真是大大超出了我的想象。

过了安检，买了票，进了门，就听导游在介绍故宫城门上的门钉。孩子听完说，原来以为这个门钉的大帽就是个装饰，现在才知道最早的作用是加固大门，后来又成为等级的标志，皇帝走的门多为横九竖九，皇子进出的门多为横八竖九，还有这么多的讲究。

为了更详细地了解故宫，我们俩就租了两个语音广播作为导游，一人一个，走到哪就介绍到哪。游览了半天，孩子感慨地说，真是大开眼界。她说，原以为故宫就是皇帝的宫殿，是处理国事和家事的地方。原来，这里不仅有乾清宫、宁寿宫等宫和太和殿、钦安殿等殿，还有内阁大堂、遂初堂、乐寿堂等堂，体仁阁、文渊阁等阁，阅是楼、云光楼等楼，淑芳斋、倦勤斋等斋，古华轩、丽景轩、绛雪轩等轩，千秋亭、碧螺亭等亭，咸若馆等馆，如果不来看，哪知道有这么多不同的建筑。

她还注意到了建筑上的脊兽，并拿出手机查阅，知道了脊兽的种类，有龙、凤、狮子、天马、海马、狻猊、狎鱼、斗牛等，了解这不仅是装饰，也是等级的标志。每到一个地方，她都会认真地看，认真地数，看哪儿多，哪儿少，哪个身份高，哪个身份低。

看着看着，她突然问我："这里怎么都是建筑啊？怎么没有看到历朝历代收藏的文物呀？"

我笑着："很大一批能带走的文物，都被蒋介石打包运到台湾去了，在那里也建了一个故宫。"

孩子又问："这么说，这里就是空房子，也就是不动产。只有把台湾故宫的文物拿回来，两者合而为一，才是一个完整的故宫啊！"

我又笑着说："那恐怕要等到两岸统一了。"

孩子说："那我真期盼两岸早日统一。等到中华民族伟大复兴的中国梦实现时，两岸是不是就统一啦？！"

我真的没想到，这么一次平常的参观，一下引来这么大的一个主题，孩子的思想境界有了这么大的一个提升。

孩子走出故宫对我说的一句话，就是应该早点带她来，并且希望有机会早日去台湾看一看，见识一下藏在台湾的宝贝！

49. 见了不能白见：有见有识有悟

真正的见识往往来源于思考，是思想和洞见力的体现，而不只是经历的堆砌。一个人见世面的方式，主要就是两个方面，读万卷书，行万里路。随着时代的进步，行万里路较过去容易了很多，于是给人以错觉，以为多出去"旅游"便必有所获。如果走了很多地方，只是拍拍照片发个朋友圈；读了很多书，就是"扫描仪"，只看却没有思考；看了很多影视剧，也只是吹吹牛，所获毕竟有限。带孩子不光是"见"，关键是要有"识"，才能真正取得成效。

2017年2月2日至2月11日，在老师的带领下，俞露与学校高中部师生共18人组成的访问团赴日本早稻田大学附属中学进行了为期10天的考察。

在出发之前，我们俩进行了交流，出门是打开眼界，不能只看表面，还要看实质，看看日本的办学理念与我们有什么不同。回来之后，她写了篇《兜住人生之底，打牢未来发展之基》调查报告。报告说在这10天时间里，中国学生用英语或者不太熟练的日语，日本学生用不太熟练的汉语，甚至肢体动作，进行了交流和体验。她写道：

原以为早稻田大学附中培养学生的目标有多么高、方式方法有多么现代，从考察实际来看，虽然在人才培养目标上与我们一样，也是面向世界面向未来，但从培养路径上来看，却有着自己鲜明的特点，那就是"兜"住人才培养的"底"，用底线思维来"保底"或"托底"，这种方式虽然没有我们想象的那样"高大上"，但让人感到很踏实，能够打牢学生未来发展之基。

一、不期待学生"走多远""飞多高"，而是能"兜"住人生的"底"。日本早稻田大学附属中学提出培养学生的目标不是期待学生多么优秀，而是秉承早稻田大学成为"模范世界公民"的宗旨，期望学生成为"良好的世界公民"。当听到这句话时，我忽有所悟，感到非常贴近现实，也非常务实。我们嘴上也常说做事先做人，但实际上总是容易重视做事忽略做人。如果培养的人才连一个公民的标准都达不到，还谈何优秀？也就是我们常说的，人都做不好，还能把事做好？成为一个良好的公民，这是做人的一条底线，一旦突破这个"底"，就会成为社会的包袱。他们不是不希望学生成名成家、成为优秀的人，而是他们清楚不可能每个学生都成名成家，但每一个人都应该成为一个良好的公民。在成为一个良好的公民的基础上，你可以通过奋斗，成为更优秀的人才。中学教育是在做人才奠基的工作，首先就是教育学生做好一个公民。至于未来如何发展，向哪个方向去发展，成为什么专业的人才，可以交给大学，交给社会，交给未来。他们鼓励所有的学生成为良好的世界公民，深入理解和欣赏不同的价值观与理念，以及自己的文化和传统。这条"底线"启示我们，中学就如一个起飞的地方，不管你飞得有多高、有多远，但必须有一个能"兜"住"底"的地方，否则是很危险的。

二、不期待学生"分多高""艺多精"，而是能"兜"住生活的"底"。早稻田大学附属中学的学生是幸运的，只要达到要求，可以直接进入早稻田大学，不需要与其他中学的学生在分数上一较高低。因为早稻田大学看中的是他们的综合素质，他们的发展潜力。早稻田大学附中培养学生的一个基本的前提是，培养他们生活的基本技能。早稻田大学附中初中一年级就开设了"家政基础"课，就是培养学生的基本生活的能力，培养一个人未来生存的基础能力。学校提供丰富的课外活动，这些活动是学生生活的一个重要组成部分。尽管学校占地面积不大，但各种运动场地和活动场所却是十分齐全。学校有大约50个不同的社团，包括文化、艺术和体育类社团等等，既有传统的，也有现代的，既有体育的，也有文化的，大多数学生都会积极参与社团活动。学校的目的是让学生更加懂得生活，感受到生活的乐趣。有的学生参加多个社团，如茶道、空手道、柔道等，也许他们对这些"道"的理解或掌握并不是很深，甚至还有些肤浅，但通过与他们交流，我们感受到他们从中找到了乐趣，享受到生活的快乐。这就启示我们，学校要教导学生学会生活、懂得生活，才能"兜住"生活的"底"。

三、不期待学生"学多深""钻多透"，而是能"兜"住成长的"底"。他们提倡快乐学习，要求学生必须有更高的学习积极性，才能应对"在现代社会中做良好公民"的挑战，快乐的校园生活也是他们目标的重要组成部分，他们的学习是快乐的。早稻田大学附属高中的政策是促进学生自主学习并激发学生的求知欲。学校鼓励学生独立思考，而不是遵循严格的规则限制。虽然学校有统一的校服，但高中生可以自行决定是否穿校服。只要有良好的综合素质，高中所有达到要求的毕业生都可进入早稻田大学，因此学生需要学习全方位的课程。分数不是他们追求的目标，广博才是主要的，所以他们不要求学生学有多深、钻有多透，而是关注学多少、学多广。第一学年学生将学习广泛的科目，从第二年开始划分文科和理科。为了拓宽视野，第二语言是高中学生的必修课程，目前有德语、法语、中文和俄语可供选择。多年来，他们持续派出学生作为交换生出国留学考察外面的世界，留学的学生逐年增加，主要是去澳大利亚、比利时、巴西、法国、德国、英国、美国等先进发达国家；早稻田大学附属高中还接受了大量交换生进行交流，主要是来自巴西、文莱、捷克、法国、德国、冰岛、墨西哥、瑞典、泰国、英国、乌拉圭和美国等国家的学生。他们开设种类繁多的大学预科课程，提前接触相关专业知识。这就启示我们，要培养中学生广阔的眼界、宽厚的根基、快乐的心态、自由的思维，才能打牢未来发展之基，"兜"住未来成长的"底"。

　　这次访学收获满满，不仅开拓了孩子的眼界，也提高了孩子的交往能力，提高了孩子分析问题和思考问题的能力，让孩子真正开始边"游"边"思"。这份报告也让我认识到，我们的教育不仅要培养孩子成才，还要兜住孩子"成人"这个底。

十四、别怕孩子做出了格

——积极培养孩子创新思维

　　大人有大人的套路，孩子有孩子的想法。大人做事已养成习惯，常常按部就班、墨守成规。孩子做事不拘一格，常常别出心裁、花样百出。鼓励孩子保持独立的见解，按自己的想法去做，说不定也能培养出下一个爱迪生。

孔子曰："君子之教，喻也；道而弗牵，强而弗抑……"。意思是教育主要是晓喻启发；引着走不要牵着走，要勉励，不要压抑，使学生形成自己的见解，培养出有创见的人才。大人有大人的套路，孩子有孩子的想法。孩子做事不拘一格，常常别出心裁、花样百出。要想让孩子像大人一样思考或行动，几乎是不可能的，反而会扼杀了孩子的创造性。华罗庚曾经说过："人之可贵在于能创造性思维。"创新思维能够突破常规思维的界限，以超常规甚至反常规的方法、视角去思考问题，提出与众不同的解决方案，从而产生新颖、独到、有社会意义的思维成果。只有培养和保持孩子的创造性，孩子才会在未来社会激烈的竞争中脱颖而出。

哈佛大学博士、香港城市大学副教授岳晓东指出：思维标准化是扼杀中国人创新思维的首要因素。他曾经讲过一个故事，一天夜里，他带着3岁的儿子到外边散步，儿子忽然指着天空中的明月问："那是灯吗？"他机械地回答说："那不是灯，是月亮。"但儿子还是坚称月亮就是灯，他开始觉得儿子很愚蠢，但仔细一想又觉得儿子没说错，因为月亮确实有照明的功能，而在中文当中，"明"字就是日、月相加，他忽然觉得，在儿子面前，他才是"愚蠢的父亲"。要鼓励孩子保持独立的见解，按自己的想法去做，就是出点格也不要紧，这毕竟在家长的可控范围之内。

50．允许淡化权威和质疑，"在不疑处有疑"：有疑才会有新发现

古人云："学贵有疑""学则须疑"。读书无疑者须教有疑，有疑者须教无疑，这样才能有长进。质疑求异是创新的开始，是探求新知

识、发明创造的不竭之源。在学校，大都是老师问得多，学生问得少。学生一般都是跟着老师的思路解答问题，没有太多表达自己思想和质疑的机会。

而从历史和现实中看，世界上许多发明创造都源于疑。"地球中心说"在中世纪的欧洲一直居于统治地位，哥白尼却敢于质疑，并提出"太阳中心说"，他的伟大著作《天体运行论》是当代天文学的起点。最先研究自由落体的是古希腊的科学家亚里士多德，当年的人们都把他的话当作真理。而物理学家伽利略却公开说要从自然中发现真理，而不是背诵亚里士多德的书本，他成为第一位把实验引进力学的科学家，并确定了一些重要的力学定律。孩子有质疑是求知欲和好奇心的流露，反映他在不断地思考、探索，很可能会产生新的见解。

有些家长认为书本上的知识都是经典，不能有一点质疑，其实不然，如果你能从经典中产生疑问，甚至能够提出与众不同的见解，更是可贵。要允许孩子淡化老师、家长和专家的权威，勇于怀疑，大胆猜测，哪怕是一些不起眼或者可笑的问题，都可能有意想不到的收获。要鼓励孩子多问、多想、多看、多质疑、多探究。小疑则小进，大疑则大进。

孩子读初三的时候学习了《醉翁亭记》，这是唐宋八大家之一的欧阳修被贬到滁州当知州时创作的经典游记。文章描写了滁州一带四季朝暮自然景物的幽深秀美、滁州百姓和平宁静的生活，特别是反映了作者在山林中与民一齐游乐宴饮的乐趣，我们一直将欧阳修作为与民同乐的典范。

老师要求背诵，孩子认为文章有点长，不好背。我自告奋勇地说："这有什么难，我丢下来二十多年，还可以背。"说完便滔滔不绝地背诵起来。孩子建议我和她一起背，你一句我一句轮流接下去。背了两遍之后，孩子突然说，怎么觉得欧阳修不是个好官呀！

这么多年来，欧阳修作为北宋的政治家、文学家，在我心中一直存有很高地位，对他非常敬佩。孩子突然这么一说，自然有她的道理，我心里开始思考。我让孩子说说理由。

孩子认为，文章开头说"太守与客常饮于此"，说明他常来；"山水之乐得之心而寓之酒也"，这就说他是借酒行乐；"饮少辄醉"，酒量不大，还经常来，说明贪酒还酗酒。第二段说"朝而往暮而归，四时之景不同而乐也无穷也"，说明他一年到头都要去，而且是早晨去晚上回，天天这样游山玩水，哪有时间处理公务呢？他能正常上班吗？如果要是考勤，他是不是算旷工呢？如果有人举报，上级会不会派人来调查？第三段记载的就更过分了，"临溪而渔，溪深而鱼肥"，鱼不仅要求新鲜的，还要肥的；"山肴野蔌，杂然而前陈者，太守宴也"，不仅吃溪里新鲜的鱼，还要摆上野味。"酿泉为酒，泉香而酒洌"，还要用这里的泉水酿酒。"宴酣之乐，非丝非竹，射者中，弈者胜，觥筹交错，起坐而喧哗者，众宾欢也"，又是下棋，又是游戏，大喊大叫的。吃的讲究，喝的也讲究，玩得也无所顾忌，排场也太大了。特别是他老人家，"颓然乎其间"，醉醺醺，成何体统？最后更不像话了，一喝一天，直到夕阳西下，"太守归而宾客从"，自己回就回呗，还前呼后拥的。放在今天，就是一个昏官，纪委早就查他了。

如果按今天对公务员的标准来衡量，文中描写的欧阳修还真算不上一个好官，他的工作状态存在问题。孩子的这番批判性的理解，我从来没有想过，让我感到耳目一新，说明孩子是认认真真学了。我忽然感到，以前只是跟老师学习，老师怎么讲，我就怎么看，自己没有好好思考。

我问孩子："你们老师是怎么认为的？"她说："老师说他是一个与民同乐的好官。"我说："你是用今天的标准来衡量，确实很有道理。如果放在当时的封建社会，作为从朝廷贬到地方的一个知州，能够放下架子，与民同乐，也是难能可贵的。老师教学生，是让学生站在当时的时代背景下看问题。你能够站在现在的立场上看问题，很有意思，也更有意义。"我鼓励她，看问题应该与众不同、有独特见解，做事才能做到与众不同、独树一帜。

后来我自己也细细回味，孩子为什么会有这种见解？因为她所处的时代环境不一样，人的观念、社会舆论、评价标准等发生了很大变化，自然会得出与以往不同的结论。这时候，关键是引导孩子实事求是地认识问题，用不同的时代背景来进行具体分析，这样孩子就不会片面地看待，而会客观公正地进行评价。

51. 提倡独立想法和见解，"自成一家新语"：培养有主见的孩子

有一次幼儿园组织春游，老师允许小朋友们自己带零食。孩子的零食是她妈妈提前准备好的，我也没太关心。当天早晨，我准备送她去幼儿园，提起她的背包，感觉特别重，就打开看看，发现里面放了一大包洗好的圣女果（小西红柿），掂掂有两斤左右，还有很多小零食，每样都不少。

我疑惑地问她："你带这么多，能吃得完吗？"

她回答说："吃不完。"

我说："那就拿点出来，背着走路也是个负担。"

她连连摆手说："不能拿，不能拿。"

我问："为什么？"

她说："我们还有两个住校的小朋友，平时不回家，没人帮他们准备春游的零食。我就想着多带一点，可以分给他们。"

我问："这是老师安排的？"

她说："不是的，是我自己这么想的。"

如果老师有安排，孩子当作任务也很正常，而这是她自己的主见，却让我很意外，也让我感到心里一暖。孩子有这个想法，说明心里对别人有爱心，也很细心，能考虑得比较周到。那两个住校的孩子，如果看到别的同学都从家里带来了各种各样的零食，而自己什么也没有，一定会感到很失落。尽管老师也会鼓励大家一起分享，但是孩子能够主动想到这两个同学，还专门为他们多准备了食物，这种情谊更让人觉得温暖。我对孩子进行了表扬，并为她的想法和做法点赞。

转眼间，孩子就满了 18 周岁，上大学后更是立下了"早日加入中国共产党"的努力目标，积极向党组织靠拢。她自己亲笔写下了入党申请书，想请我指导一下。接过孩子的入党申请书，我一看标题，就觉得很有新意。

作为一名加入中国共产党近三十年的老党员，且做过多年的党务工作，我看过几百份入党申请书，大多数人都是围绕中国共产党的光荣历史、辉煌成就来谈自己对党的认识和对加入党组织的向往。而孩子的这份入党申请书却与众不同，是依据党章对党员条件的相关规定，一条一条来谈自己的理解认识，一条一条地进行自我对照、自我剖析，表明自己已经符合党员的基本条件，同时诚挚地表达加入党组织的强烈愿望，让我大开眼界。

　　学院党委对孩子的入党申请书进行了审查，党委领导还表扬了孩子，称赞她有一定的理论水平。

　　孩子越有主见，看问题越深刻，成长得越快。尽管她现在还只是一名大学生，但已经是所在党支部的书记了。每当她有一些新思考、新感悟，她都非常愿意与我分享，而在每一次的分享中，我都会感受她的成长，心里也无比愉悦和甜蜜。

52. 鼓励积极探索和创新，"切忌随人脚后行"：未来最有价值的就是创造力

　　我们都知道，社会最需要的不是分数而是能力，最有价值的不是学历而是创造力。鼓励孩子的探索和创新，培养孩子的创造力非常重要。培养孩子的探索创新能力，不一定要起点很高，我们可以从易到难，从简单到复杂，重要的是培养孩子逐渐具备创造的观念，在大脑中形成创造的意识，让孩子从常见的事物中训练创造的能力，让孩子在平常中找到异常，在熟悉中找到新知。特别是孩子在探索创造的过程中能够培养深入钻研的精神，缺什么学什么，需要什么学习什么，能够系统学习到必需的知识和技能，使其真正成为自己的本领，至于最后能不能创造出科研成果，能不能成功申请专利，这些都不重要了，重要的是打好未来适应社会的基础。

　　孩子上高二的时候选学了一门通用技术课，她越学越有兴趣。有一天突然对我说，准备搞一个小发明。我说，好啊，准备发明什么呢？

她说没想好。

我说，发明革新说难也难，说简单也简单。有时候就是"加一加"的事情，铅笔加橡皮，就成橡皮铅笔，收音机加录音机，就成了收录机。有时是"减一减"，比如把大的东西减小了便于携带，当年的大哥大到现在的手机；换上新的材料把重的东西减轻，比如塑料薄膜雨衣。有时是"扩一扩"，比如怎么让人多买点牙膏，就是把挤牙膏的口开大一点。有时是"缩一缩"，折叠式自行车就是经典。有时是"换一换"，电脑键盘上的字母原来就是按顺序有规则排列的，打字员速度太快，常常这一个打下去，上一个还没弹起来，总会卡住，后来就把字母打乱成无规则地排列。有时就是"变一变"，比如怎么包装才能避免糖果因长期保存而潮湿融化，别人都想要包得更严实，可这并解决不了问题，有一个工人提出留个小孔增强透气性，反而将问题解决了，老板奖励他一百万美金。生活中的创造无处不在，就看能不能发现问题，能不能找到解决的办法。

她说她先进行调研。

她和同组的小伙伴经过共同调查，发现铅笔头剩下五六厘米时，就无法使用了，人们浪费铅笔头的情况太严重了。她们首先进行了"头脑风暴"，进行构思并画出思维导图。后来又在网站上开始了产品调研，做出了一份精美的PPT。在这一过程中，她们学会了市场调研和PPT的制作。

受可推式橡皮的启发，她俩有了改进思路，就是把铅笔头像装笔芯一样装进笔壳中，像自动笔一样使用。她俩开始设计铅笔头加长器，以学生为实用对象，兼顾设计师、画家等对于铅笔需求量较高的人群，以实用性强、外形美观、牢固可靠为目的。俩人制订了具体的实施方案，计划使用轻质木头，采取拼接式的方法，将轻纤杆与铅笔头连接，连接方式为拼插式，可在杆上绘制或雕刻花纹。

她们还学习使用专业制图软件开始三维建模，并联系厂家打印模型。到货后，再进行打磨加工，将零件模型拼接起来。一件小小的革新成果终于顺利问世了，她们将其命名为"会变长的铅笔头"，甬提多开心了。

最后俩人在互联网上专门做了一个宣传短片，还进行了线下宣讲。宣传片的标题为"我的铅笔头一米八"。真是很有创意的标题呢，我看着都很佩服。

这次尝试，虽然没有得到什么大奖，但也是收获满满，她们在创新过程中学会产品调研、项目论证、合作攻关、三维建模、样品制作、策划推广等知识，并亲自实践，获得了成功。至于最后有没有获大奖，对孩子来说，已经显得不那么重要了。

十五、莫指望一口吃成胖子

——培养孩子要有耐心和恒心

"不积跬步，无以至千里；不积小流，无以成江海。"孩子成长有一个过程，像养花种树一样，需要一滴水一滴水地滋润，急不来，快不得。对于孩子来说，遇到每件事都需要一步一步探索，有时甚至来回反复尝试确认。我们要允许他们的小心翼翼和冒进犯错，要有十年磨一剑的耐心和恒心。

荀子在《劝学》中说："积土成山，风雨兴焉。积水成渊，蛟龙生焉。积善成德，而神明自得，圣心备焉。故不积跬步，无以至千里；不积小流，无以成江海。骐骥一跃，不能十步；驽马十驾，功在不舍。锲而舍之，朽木不折；锲而不舍，金石可镂。"学习如此，教育孩子也如此，需要耐心和恒心，一点一点慢慢来。

孩子的成长也就是十几年时间，看似漫长，实际上一晃就过去了。许多家长在孩子高考一结束，好像看到了花开，突然一下解放了。这时候再回头望望，一切犹如昨天，一步一步都留下了脚印，形成了孩子成长的小路，不管是平平坦坦，还是坎坎坷坷弯弯曲曲，都感到很美很幸福。

孩子的成长不是在一夜之间就完成的，就像培育树苗一样，体现在点点滴滴之中。在这个过程中，如果出现了问题，家长又采用过度着急的处理方法，很容易导致孩子内心惶恐不安，反而更不利于解决问题。你越急，他越慌。着急是没有用的，该沉住气就沉住，别动不动就搂不住火，对着孩子就开始一番"狂轰滥炸"。这样往往是轰得孩子"无所适从"，搞得自己也不开心，实在是得不偿失。

对孩子的教育，有时候只需要一句话，有时候只需要一个动作，有时候只需要做一件事……像浇花一样慢慢滋润，水滴石穿。孩子的成长，包含的是孩子的身体、心理、智力、能力等方方面面的成长，咱们能直观看到的就是孩子的身体在一天天地发生变化，其他方面的成长进步需要慢慢用心去感受。孩子的事情急不得，一定要有耐心，要沉得住气。当然也不能松懈，更不能放任，从一个极端走向另一个极端，要把握好节奏，张弛有度。

53. 化整为零从零做起：零存整取轻松达到目标

"合抱之木，始于毫末；九层之台，起于垒土；千里之行，始于足下"。老子从"大生于小"的观点出发，阐述了事物发展变化的规律，说明"合抱之木""九层之台""千里之行"等远大的事情，都是从"生于毫末""起于垒土""始于足下"为开端的，形象地说明了大的东西都从细小的东西发展而来。饭是一口一口吃的，一次吃得太多会撑着，难以真正吸收，反而达不到强壮的目的。

教育孩子也一样，是一项长期的工程，一点一点来，拔苗助长没有用。从出生到上大学，要经历大大小小不知道多少事，才促成了孩子的成长，少一个环节都不行。从小事做起，一点一点取得进步，就会感到很轻松。这就像银行存款零存整取一样，每次虽然存得不多，时间长了，就是一批很可观的财富。教育培养孩子，跟这个道理差不多，当量变引起质变的时候，回头再来看看，一切都是那么值得。

孩子的成长是一项系统工程，按18岁成人来计划，分解开来就是一个个阶段，3岁时上幼儿园，6岁上小学，小学6年，初中3年，高中3年，一个阶段分解下来就是一件事又一件事。

孩子从一年级的时候，我就开始教她做阶段性规划和计划。尽管开始她连规划和计划是什么都不知道，甚至有的字还都不会写，就用拼音代替。上课的时候就按学校的计划走，跟着孩子的课表来。放假的时候就需要自己精心安排了。

每到放假，孩子就会根据学校要求和自己的想法来拟订计划，细化到每一周甚至每一天。如果要安排外出，或者一件大一点的事，就要制订具体的方案。外出的计划是到哪去、什么时候去、去干什么以及交通的保障和需要准备的工作。计划做好后，就召开一个家庭会议，一起讨论修改完善。正式执行过程中，按计划流程一点一点地做，不但可以看到孩子的进步，天长日久，还可以慢慢培养出孩子做事的条理性。

孩子在大学正式开学前被选拔进了青年马克思主义培训班学习，比别的孩子早入校几天。根据需要，学校安排他们迎接新生，老师指定由她负责。她接受任务后，习惯性地制订了一份计划，按照迎接新生的时间、地点和参加的人员，列举了需要做的工作，并对人员进行了分工，提出了具体要求。计划完成后，她立即发给了老师。老师看到这份计划，认为她考虑到很周全，安排得很具体，给了一个大大的赞。大家拿到计划后，一看就明白，各干各的事，迅速行动起来，非常圆满地完成了任务。

让孩子做计划实际上就是对将要发生的事情有个预判，根据自己的实际情况做好合理的安排。一般情况下，能想到就能做到，想都想不到，根本不可能做到。有了计划，孩子做起来就有了依据，根据自己的安排，做事会更有条理，不会乱忙，也不会忙乱。即使有困难，提前也有心理准备，做起来也很从容。

54. 细水长流水滴石穿：终能养成好习惯

中国人为什么喜欢民族唱法？欧美人为什么喜欢美声唱法？都是因为习惯了所以才觉得美。孩子可塑性强，天长日久，什么都可以成为习惯。好习惯不仅体现一个人的修养，在养成好习惯的过程中，还能培养一个人的自觉性，特别是好习惯一旦养成并长期坚持下去，习惯成为自然，就一定能够取得意想不到的收获。好习惯很多时候是有意识养成的，靠家长和孩子的认识与坚持。

行为科学研究得出结论：一个人一天的行为，大约只有5%是属于非习惯性的，而剩下的95%的行为都是习惯性的。习惯不一定只是重复，创新也可以演变成习惯。另一个研究结论是：21天以上的重复会形成习惯；90天的重复，会形成稳定的习惯。这就是说，同一个动作，重复21天就会形成习惯性动作。同理，同一个想法，重复21天，或重复验证21次，就会变成习惯性的想法。

美军曾经对士兵的习惯作过研究，一个人丢掉一个习惯比养成习惯还要快，只需要15天。所以好习惯是长期坚持的，是对自己的自律和约束。帮助孩子养成一个良好的习惯，需要慢慢来，该督促要督促，该提醒要提醒。

每个家长都希望孩子养成自觉的好习惯，可甭说是孩子，就是我们自己，有时都很难养成，甚至养成了也很难保持。

红灯停，绿灯行，这是最基本的交通规则。孩子很小的时候，估计很多家长也会与我们一样，带孩子过马路一遇到红绿灯，就会告诉他们"红灯停绿灯行"，让孩子树立安全意识，并且能给孩子做好榜样。可是很多成年人在自己行走的时候，即使是红灯，当看到没有车辆行驶并自认为安全时，就会萌生出赶紧走过去的念头，有时候还真就这么做了。孩子长大了，我带着她过马路的时候，看路上空空的没有车辆，就准备带着她"闯红灯"。她总会习惯地拉住我，一步也不肯动，必须等灯变绿了才走。这就意味着，习惯真正形成了之后，孩子连这种投机的心理都没有。

孩子 6 岁以后，我们就开始有意识地培养她做家务的习惯。首先就从饭桌上开始，安排孩子做力所能及的事，让她为大家拿筷子、碗碟等餐具。来了客人也一样，让孩子数数人数，也为客人摆上。后来孩子长大了，我们又给她增加了一项新的任务，每周为家里清洗一次碗筷、涮一次锅。有时她洗不干净，碟子上还留着油渍，我们也会多多鼓励她，还不时地教她一些做家务的小技巧，帮助她提高清洗的效率。即便有些时候确实需要重洗，我和爱人也是悄悄地进行，不声张，尽量不让孩子发现，保护好孩子劳动的积极性。洗的次数多了，孩子的动作也就利索了。寒暑假的时候，她还说，"爸爸妈妈上班辛苦，这点小事就由我来做好了"，主动把所有洗碗的任务都承包下来。做家务的自觉性、积极性越来越高。再后来，我们就开始培养她为家人准备餐食。孩子三年级的一天，我半开玩笑地对孩子说："爸爸妈妈从周一到周五都为你准备好了早餐，你能不能每周也为我们服务一次啊？"没想到，孩子爽快地答应说："可以呀！"到了周六的早上，孩子真的早早地起了床，给我们买来了豆浆和油条。第一次在家里看到孩子带回的热气腾腾的早点，我和爱人心里温暖极了，给了她一个大大拥抱。感受到自己小小的劳动付出给亲人所带来的欢乐和喜欢，孩子也变得越来越主动地参与家务劳动，甚至发展为只要看到我或爱人在忙碌收拾，她自己也会在旁边帮着做点事，要不自己都不好意思似的。

孩子坚持最好的习惯就是学习，这让我们省了不少心。幼儿园和小学时，只要是她感兴趣的书，基本上都会买回来仔细看，养成了孩子爱看书的习惯。她从小学开始，放学一回家，第一项任务就是做作业，做完作业再做其它事情。孩子上小学时就设立了专门的改错本，把做错了的作业在改错本上认认真真地再做一遍。到了初中、高中还是一样坚持。她告诉我学习的一个窍门，复习的时候只要把改错本上的内容搞清楚了，基本不需要再去翻书本。都说孩子十几年寒窗学习学得厌了，到大学就放松了。我们发现，俞露上大学之后，学习一点也没放松。节假日，她都会抽出时间来学习，并没有像人们说的那样，上了大学就玩疯了。

养成一个好习惯会让孩子受益很多。尤其是长期的坚持中，好习惯似乎也变成了一种自然本能，不需要再被督促或提醒，好像一切都是该做的，必须做的，让自己在不知不觉中得到了很多，有些虽然一时看不见，但时间一长，效果就明显了。

55．不厌其烦绳锯木断：坚持就是胜利

孩子为什么经常让家长烦心？并不是孩子不听话、不懂事，也不是孩子不聪明，而是他们想知道未知的世界。有的可能会不厌其烦地问，有的可能会翻来覆去地去尝试去探索，只不过不得其法，不知不觉冒出几根刺，不如父母所愿罢了。有的家长不能理解，或是沟通不够，常常冲着孩子发脾气，孩子也不知所从。古人常说"玉不琢不成器"，孩子就是一块未经雕琢的璞玉，家长只要耐心打磨，就会收获满心欢喜。

很多人都看过电视剧《士兵突击》，最吸引人的就是"不抛弃不放弃"的精神。孬兵出身的许三多，软弱可欺，唯唯诺诺，成为"七连的老末儿"。一开始他并不能理解"不抛弃不放弃"这句话的精神，也不能理解连里从上到下听到这句话时的骄傲与兴奋。一直没有放弃他的史今班长，为了让他成才、活出一个人样，不分昼夜地训他练

他，他才慢慢理解这句话的真正含义。优秀的连长高诚，虽有傲骨傲气，却真正爱兵如子，敢拼能吃苦，刀子嘴豆腐心，从没有放弃一个兵。队长袁朗虽然把辛苦进入老 A 的尖子兵虐得够呛，但是越往后看，越觉得这才是一个善良而忠贞的军人，从没有放弃任何一个人。

我们培养孩子至少要像史今班长、高诚连长、袁朗队长对待许三多这种"后进兵"那样，要有耐心，要有恒心，坚持就是胜利。教育孩子一定要尽力，该说的说，不厌其烦；该做的做，不怕反复。不管将来孩子怎样，只要自己尽力了，就不会有什么遗憾。

我们和很多家长一样，经常为了手机与孩子"斗争"。手机对孩子的吸引力总是很大。孩子只要把手机拿在手里，就想打打游戏，看看朋友圈，与几个知己聊聊天。现在老师又经常在网上布置作业，家长不能把孩子的手机没收了。只要孩子有了自己的手机，总是有各种理由一直看个不停，上厕所、洗脚，甚至吃饭，眼睛都舍不得离开半秒钟，使用时间越来越长。家长特别纠结，放开了就收不住，怕孩子眼睛看坏了，怕孩子把学习耽误了；收紧了矛盾就会尖锐，常常为此与孩子争吵不休。

初中的时候，俞露的学校不允许学生把手机带到学校去，这让我们轻松了不少。可到了高中，因为学习的需要，学生可以带着手机上学，使用手机的时间就更多了。甚至做作业的时候，孩子都抓着手机不放，明确讲要讨论学习问题；作业一做好，手机就成了她的"亲爹亲娘"，甚至亲爹亲娘都不如手机，有时我们不催，她都不睡觉。

你提醒她，她态度很好，嘴上不停说马上马上，手上还是停不下来。有时催得急了，还来讨价还价，就再玩五分钟。催得再紧一点，她马上表态，就一分钟一分钟。孩子长大了，你又不能强硬没收手机，弄得你一点脾气都没有，只能不厌其烦地唠叨着。即使她不听，也得唠叨。我有时会先打个预防针："需要我唠叨不？"人家态度还特别诚恳，一直说："需要，需要。"

孩子后来自己也感觉到手机影响了学习，主动与我们商量，能不能买个非智能手机，只能打电话和发信息，不能上网。非智能手机又不贵，一百多块钱的事，如果真能管用，我们当然愿意。各个商场卖的大多数是智能手机，非智能手机还真不好买。后来请朋友帮着寻找，终于买到了，可孩子才用了一天，就说感觉不习惯，说这个作业找资料需要上网，那个学习交流需要上网，没多久就又换回了原来的智能手机。我们的唠叨还是日复一日地停不下来……

其实，很多时候，孩子心里也知道自己的行为不对，但就是放不下来、控制不住，想着能多看一会就多看一会。所以，我们唠叨时都特别注意方式方法，尽量都在她玩得时间过长、看娱乐节目太久时，平静地唠叨，不发火，就像小雨一样时不时下一下，心平气和地提醒她。这样，孩子也不会逆反，在看完一段精彩节目后，就会自觉地放下手机。

在我们的不断唠叨下，她自己也渐渐有了克制，尽量控制使用手机的时间。看到她的自制力在不断增强，我们的唠叨也越来越少了。

所谓的唠叨，就是琐碎的说教，既不正式，也不系统，没有固定的时间和内容，随时随地进行。引起唠叨的事情一般都不是什么愉快的事，或是孩子明显的错误，或是带有倾向性问题，或者是需要提醒的事项。有的家长不想唠叨，有的孩子也反感唠叨，但是不唠叨又不行。如果必须要唠叨，首先要看时机合不合适。孩子心情不好时，就不要去做"火上浇油"的事。尽量选择孩子心情好的时候，同时注意尊重孩子，先打个"预防针"，问一问需不需要唠叨。孩子这时候一般都会接受，甚至会表现出坦然和大度，让你随便唠叨。其次要讲究点技巧，尽量让孩子接受。不要一上来就是竹筒倒豆子，有什么说什么，或是板着脸，想撒气就撒气，想指责就指责，甚至兴师问罪。尽量轻松愉快，心平气和地交流，可以幽默一点诙谐一点，就像春风化雨。有时不一定说透，心照不宣，点到为止，彼此一笑而过。这样的表达，孩子容易接受，家长轻松愉悦，成效也会明显。

老爸的办法我喜欢

老爸并不算老，只是我从小习惯了这么叫，觉得亲昵。没想到一晃 20 年过去了，真把老爸叫老了，半百还差几天，头发也白了不少，算是进入了半老不年轻的那一类。不过身体很棒，不管是俯卧撑，还是仰卧起坐，都能一口气做上一百个，比有些年轻小伙子还棒；精神头儿很足，干什么都很有激情，有时连我这个小年轻都赶不上。

乍一看老爸的新作《教子没有那么难》这个书名，以为老爸又在好为人师。自我记事起，就经常听到老爸到处吹嘘他教育我的经典案例。谁家教育孩子有了难题，也经常找他咨询，老爸俨然成了一个教育专家。不过，他的方法倒也好使，看问题一看一个准，解决问题简单明了，确实帮不少叔叔阿姨解了困，有的为了谢他，还会专门邀请他找个地方喝上几杯。

老爸早就说过要写一本书，把教育我的经历记下来，他也常常在许多叔叔阿姨面前自觉不自觉地流露出这种想法来，大家都很支持他。这么多年都没有见他有什么动作，所以我以为老爸只是说说而已。没想到前几天他竟然真的捧着一摞书稿放到我面前，还谦虚地说让我审查审查，并诚恳地请我点评点评。我象征性地摆了摆架子，说自己怎么怎么的忙，抽时间看看吧。

我自以为自己是比较乖的，直到读完老爸的这本书，才觉得自己也不是那么让人省心。这本书既是他的回忆，也记录了我的成长经历，还有他的私语。我很庆幸，能够成长在这么一个幸福的家庭，遇到这么一个开明的老爸。他总是能够与我换个位，站在我的角度上，与我的成长节奏合拍，形成合力，助力我的成长，所以我们父女间的关系很融洽。有次放学回来，老爸背着我的书包，我背着他的电脑包，与老爸勾肩搭背、有说有笑，开开心心地往家走。老爸的一个同事在后面见了，感触很深，跟在后面悄悄地拍了几张照片，发给老爸，画面很是温馨。

古人云：父子有亲。这种天然的情感将我们联在一起。老爸不仅是一个好父亲，还将多种角色集于一身，不断地变换着身份，扶持护佑着我的成长。

有时，老爸就像一个导游。第一次到某个景点游览，如果没有导游，面对满眼风光，有时自己会"按图索骥"，一个地方一个地方地找，可能顺利，可能会绕；有时会不知所从，四处乱转，常常费时费力费心，却没看到最精彩的风景。但有了导游就不一样了，他会耐心地引导你怎么走，怎么看，怎么做，不仅省时省力省心，关键是还能在大开眼界的同时，在很短的时间里收获最大量的信息。人生如同一场旅行，一步一景，老爸就如同一个服务周到的导游，他总是不厌其烦地给我讲这讲那，带我看这看那，引导我形成自己的判断，拿出自己的看法，体会到人生成长路上每一阶段"最美的风景"。

有时，老爸就像一位老师。市民有困难找警察，学生有困难找老师。当老师不在身边时，我的选择是找老爸。一篇古文背不下去时，总会请老爸帮着背。让他背实际上就是让他帮着找技巧，当他用技巧背会了，就会给我讲。原来背不下去的一篇古文，常常被他三下两下就给分解了。我跟着老爸背诵，轻松加愉快地就完成了任务。作文写不下去时，总会请老爸给指导一下。这是老爸最擅长的，常常能说出很多个思路，若干种写法，有时甚至开车拉着我去兜风，边走边引导，启发我放开了想，常常让我写得刹不住车。老师讲的课文没理解透怎么办，让老爸再给说一说。他一点都不生搬硬套，而是加上了自己独到的理解，有时甚至与老师讲的有点矛盾，反而引发了我的思考、加深了我的印象。考试前知识要点掌握不了怎么办，请老爸帮着捋一捋。我常常让老爸帮着临阵磨枪，也快也光，效果还真不错。

有时，老爸就像一个参谋。我不管做什么事情，只要与老爸商量，他总会给出一大堆建议，至于用什么办法、做什么决定，他从来不替我决策。他一再告诉我，自己就是自己的主帅，自己的事情要自己做主，其他人都是参谋，父母充其量就是个大参谋或者参谋长。小事如此，大事也这样。像中考、高考报志愿这等大事，别看他给我分析得头头是道，最后都是让我自己拍板。他说人生重大的决定，必须我自己来做，自己选的自己就要有担当，不能把责任推给别人。如果让别人来决定，自己就失去了自主权。选好了大家都好，倘若选不好，但凡将来有一点不满意就会哭天喊地。自己选的，谁也赖不着，也就没什么可埋怨的了。

有时，老爸就像一个朋友。一些父母与孩子的关系很僵，这让我很不理解。对于孩子来说，还有什么关系能超过父子之情、父母之爱呢？从我小时候起，老爸就一直说，我们两个是好朋友。当我有了好吃的、好玩的，我就会与他一起吃、一起玩，因为好东西要与好朋友分享。遇到什么难事我总会与老爸商量商量，他会像朋友一样与我探讨。我们家经常开家庭会议，一家三口像朋友一样畅所欲言，非常民主，非常友好。

　　有时，老爸就像一个跟班。我不到四岁的时候，在爸爸妈妈的鼓励下，就独自去院子里的便利店买鲜牛奶。虽然天黑了，但路灯亮了，我拿着妈妈给的 10 元钱，来到便利店，学着平时观察到的妈妈的样子买牛奶。售货员阿姨给我拿了两袋牛奶，找了零钱，给了一张小票。我开开心心、顺顺利利地回到家，老爸随后进了门。妈妈问我有没有看到爸爸。我摇摇头。妈妈说，爸爸一直都像"隐形保镖"一样跟在我后面，把我的一举一动全都看在眼里。当时，我就在想，爸爸妈妈怎么会放心我这么一个小孩子大晚上的出去买东西，原来老爸一直跟在后面保护我。后来我上学了，爸爸越来越像我的跟班。我在中央电视台银河少年艺术团的那段时间里，爸爸更是成了我的专职司机。有一次我在香格里拉大酒店参加活动，有一个同学说："俞露，你们家司机来了。"我一看，哪是什么司机？那是老爸开车来接我了。只要参加什么活动，基本上都由老爸保障，而且特别到位，从没误点。在奥运会排练的最后时刻，我经常彩排到深夜两三点，老爸总是在中央电视台东门口等着我。上学之后，这个跟班又多了一项督察的职能。别看老爸表面上放任我，实际上经常检查我的作业本。有时老爸也有那么一点点烦，对我那些不好的习惯，总是不停地数落。不管我听没听，他总是没完没了地唠叨。其实，他唠叨得很在理，我虽然装作不屑一顾，但实际上内心还是记着的。爸爸这个跟班不仅保障到位，还给予了我很多有益的指导，做好了的给点鼓励，做不好的反复提醒，做错了的盯着纠正。很多时候，多亏了这个跟班。

　　我在成长过程中，很少见到老爸的严厉，即使遇到这样那样的问题，他总能耐心地因势利导，巧妙地化解，既照顾了我的面子，又解决了问题。

　　老爸的办法，我真的喜欢。幸福的回忆太多，这本书记录得虽然没有那么完整，但也是老爸精心挑选出来的、让我们全家都感慨万分的精彩回忆。但愿此书能给更多的爸爸妈妈一些启发，把我们一家之乐变成大家之乐。

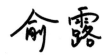

2020 年 5 月 10 日

　　俞露：曾为北京奥运会开幕式最小演员，北京市市级"三好学生"，多次参加中央电视台大型文艺晚会的演出，演唱的主要歌曲有《中华少年手拉手》等，现在北京某"双一流"重点大学就读。

后记

教子到底难不难？古人说难，今人也说难，有时候遇到棘手的问题更是难上加难。家长教育孩子遇到的事情都是第一次，面临的情况都是新的，靠自己摸索自然会遇到不少困难。即使有第二个孩子，原有的经验也不能完全照搬。特别是有些家长受"子不教，父之过"的影响，觉得责任如山，都把自己当主体，居高临下要求孩子这样要求孩子那样，冲在前面当主角唱大戏。孩子配合还好，不配合就会产生矛盾，家长唱着唱着就唱成了独角戏，甚至唱不下去了。

我为什么说教子没有那么难？是因为把主体变了，让孩子走上前台当主角，把选择决策的权利交给孩子，把锻炼实践的机会留给孩子。自己在孩子成长的过程中就是配角，多做一些跑龙套的事。走在孩子前面就是向导，为孩子讲解领路；站在孩子旁边就是参谋，为孩子出谋划策；跟在孩子后面就是跟班，为孩子跑腿打杂；陪伴孩子成长就是朋友，为孩子排忧解愁……

也许有人会疑惑，哪有这么多的时间陪孩子？其实我与很多家长一样，工作也很忙，经常东奔西跑出差在外，短则两三天，长则三五月；也经常加班加点，熬到深夜回家，忽视了陪伴孩子。爱人曾悄悄给我透露，孩子写了一篇秘密日记，被她无意中看到了，说别人都有一个好爸爸好妈妈，自己只有一个好妈妈，爸爸不是出差就是加班，回家不是睡觉休息就是看书写东西。我知道后非常内疚，并进行了反省，争取多陪陪孩子。正如鲁迅先生所说，时间就像海绵里的水，挤一挤总还是有的。大块集中的时间很少有，我就把碎片化时间利用好，饭前饭后玩一会、聊几句，上学尽量送一送，放学尽量接一接，节假日尽兴玩一玩，珍惜每一次与孩子在一起的机会。

回首这二十年，一个嗷嗷待哺的婴儿，在不知不觉中，长成了阳光美丽的大姑娘，带给我无尽的欢乐。很多人说这是我最好的作品，我也为此感到自豪和幸福，感谢女儿的懂事和善解父意。我的爱人随我辗转多地，一起受苦受累，特别是在抚养孩子的过程中，她付出的心血汗水比我多得多，包办了我们家所有的细小琐碎之事，我心中的感激无以言表。感谢女儿成长过程中遇到的所有老师，你们对孩子的关爱在很多时候都超过了我们。感谢亲朋好友以及女儿的同学和家长，你们的帮助和支持至今历历在目。这本书，实质上是我们共同写就，是我们的共同奉献。

书稿初成，正值新冠疫情稍有好转，范禄燕校长在准备学生返校、忙得不可开交之时，拨冗与我见面交流，认真审阅书稿，提出了很多宝贵意见，并亲自作序推荐，我心中充满了敬意和谢意。同时，也非常感谢李维一院长、何妍主编、黄翠萍园长和苏立校长，感谢他们给予本书如此高的评价。

拿别人的事说事，就像看一场戏，怎么评价都可以。拿自己的事说事，既要对自己负责，也要对孩子负责，需要一定的勇气。我把教育孩子的经历和感受记录下来，并不是宣扬我自己做得有多好、孩子有多成功，而是觉得自己的方法经验和失误教训或许可以给大家带来一些启发，帮助大家在面对孩子突如其来的问题时，能在第一时间应对得更从容、更稳妥，也希望你们在我的实践基础上，轻轻松松地教育出健康、快乐、自信的阳光孩子。认同的、赞扬我的都是鼓励，我将再接再厉；不认同、"喷"我的都是激励，我将继续努力。

十年树木，百年树人，我们永远在路上……

2020 年 7 月 1 日